辽宁省科技厅博士科研启动基金计划项目(2022-BS-189)资助
中国博士后科学基金(2022M722224)资助
辽宁省教育厅基本科研项目(LJKMZ20220922,LJKQZ20222313)资助

基于路面三维图像的沥青路面裂缝自动识别算法

李保险　金　鑫　侯雯峪　著

中国矿业大学出版社
·徐州·

内 容 提 要

本书是一部关于路面病害智能识别的应用研究型著作。针对路面裂缝病害智能识别无法满足当前实际工程需求的难题，本书系统地综述了国内外路面自动化数据采集系统的研究现状，归纳总结了路面病害智能识别算法的研究现状与各类算法存在的不足，围绕“开发快速、准确、有效的沥青路面裂缝自动识别算法”这一目标，对路面三维图像进行预处理，基于卷积神经网络设计路面裂缝图像分类算法，利用可调式滤波器组合进行路面裂缝进行提取。

本书可作为道路工程专业本科生和研究生的参考书，也可为从事道路管养和道路养护设计的工程技术人员，以及从事路面病害智能识别算法的科研人员提供借鉴和参考。

图书在版编目(CIP)数据

基于路面三维图像的沥青路面裂缝自动识别算法/李保险，金鑫，侯雯峪著．—徐州：中国矿业大学出版社，2023.3

ISBN 978-7-5646-5763-5

Ⅰ．①基… Ⅱ．①李… ②金… ③侯… Ⅲ．①沥青路面—路面开裂—自动识别系统 Ⅳ．①U416.217

中国国家版本馆 CIP 数据核字(2023)第 049966 号

书　　名　基于路面三维图像的沥青路面裂缝自动识别算法
Jiyu Lumian Sanwei Tuxiang de Liqing Lumian Liefeng Zidong Shibie Suanfa

著　　者　李保险　金　鑫　侯雯峪

责任编辑　杨　洋

出版发行　中国矿业大学出版社有限责任公司
（江苏省徐州市解放南路　邮编 221008）

营销热线　(0516)83884103　83885105

出版服务　(0516)83995789　83884920

网　　址　http://www.cumtp.com　**E-mail**:cumtpvip@cumtp.com

印　　刷　苏州市古得堡数码印刷有限公司

开　　本　787 mm×1092 mm　1/16　**印张** 8.5　**字数** 157 千字

版次印次　2023 年 3 月第 1 版　2023 年 3 月第 1 次印刷

定　　价　48.00 元

前　言

路面裂缝类病害是多数路面破损的早期形式，及时对裂缝进行检测并进行修补可以减少由于路面病害导致的损失。科学技术的不断发展使得自动化路面病害检测取代人工现场调查成为主要手段。路面三维高精度检测系统的问世与日渐成熟，为路面病害的自动化调查开辟了新天地。但是目前的基于路面二维或三维图像的识别算法不足以支撑全自动化的路面病害识别技术。较为先进的路面病害检测系统仍采用自动化的路面数据采集＋人工病害识别的方式。因此，本书以高精度路面三维数据为基础，结合其特点，将卷积神经网络、张量投票、图像预处理、多尺度多方向图像特征提取等理论知识应用于路面裂缝图像的去噪、裂缝区域提取和病害图像分类中，旨在进一步提高路面裂缝区域提取精度以及路面裂缝分类效果，丰富了针对路面三维数据处理的理论研究，对推动路面病害全自动化检测具有一定的意义。

本书综述了国内外路面自动化病害数据采集系统的研究现状，并论述了各类路面裂缝自动识别与分类算法的不足之处。总结归纳路面自动检测技术目前存在的问题，提出了本书的研究内容和技术路线，并开展如下系列研究：

(1) 针对高精度路面三维图像的特点，提出了判断是否存在图像拼接不平顺的算法，并采用区域图像增强技术消除了图像的阶跃现象。利用多尺度二维高斯滤波器，判断路面图像是否存在强点状噪声，并予以消除。由于路面三维图像动态范围差异较大，为后续路面裂缝提取造成一定的困难，因此采用大尺寸二维高斯卷积核构造区域均值路面图像，并应用该图像与原路面病害进行信息融合。通过以上的图像预处理技术可以有效保存原图像中的裂缝信息，并能消除由于检测系统振动、成像系统缺陷等造成的图像动态范围差异较大对裂缝识别算法的不利影响，为准确且全面的裂缝识别奠定了基础。

(2) 利用人工神经网络理论，建立了4种用于路面裂缝图像分类的卷积神经网络，并组建了含有28 000余张路面病害图像的训练库。共含有8层卷积神经网络结构，用于区分5种路面病害图像，即非裂缝图像、横向裂缝图像、纵向裂缝图像、块状裂缝图像和龟裂图像。经过该图库的训练与验证，证明这4种卷积神经网络结构均能实现路面裂缝图像分类。

(3) 针对卷积核尺寸、学习率和 Batch size 3 个重要的卷积神经网络的超参数，设计了 3 因素 4 水平正交试验。根据卷积神经网络应用中普遍关切的问题，试验的考察指标选为网络识别准确率、达到收敛时的迭代次数、每个 Epoch 的运行时间。利用 SPSS 生成的正交试验表，进行了 16 组试验，并提取了试验结果。在提取达到收敛的迭代次数指标时，提出了混合收敛判断准则。实践证明该混合收敛判断准则适用于本次试验结果的提取。通过对正交试验结果的直观分析得到了各个因素对不同考察指标的影响大小顺序，同时得到了最优超参数水平组合，经过验证得出该最优超参数水平组合的沥青路面病害图像识别准确率高达 99.5%。

(4) 以沥青路面病害图像分类结果为基础，设计了用于提取路面裂缝病害的算法。该算法包含四个主要部分：① 路面三维图像预处理。② 根据卷积神经网络的分类结果和沥青路面三维图像中裂缝区域的数据特点，设计了可调式滤波器组合(SMFB)。通过多个方向和多个尺度的 SMFB 提取路面裂缝区域，进而获得含有噪声的裂缝二值图像。③ 应用张量投票法对含有间隙的裂缝碎片进行连接，并与原路面裂缝二值图像进行逻辑或运算。④ 采用二值图像后处理方法，去除噪声得到裂缝二值图像。针对 200 张源自不同采集条件时的沥青路面病害图像进行算法评估。经过验证，该算法的准确率为 84%～97%，平均准确率为 88.38%；召回率为85%～99%，平均召回率为 93.15%；F 值为85%～97%，其平均值为 90.68%。测试结果表明本书算法能实现较高准确率的沥青路面裂缝自动提取，并具有较好的普适性。在整个路面裂缝病害提取过程中，算法中的所有参数取值都是固定的，无须人工干预，也就是说，没有必要根据实际采集条件或三维路面图像的质量来调整算法中的各个算数。因此，该算法能够在无人工干预情况下实现全自动化的沥青路面裂缝提取，具有较高的鲁棒性。

由于作者水平有限，书中不妥之处在所难免，恳请广大读者批评指正。

作 者

2022 年 4 月

目　录

第1章 绪 论

1.1 研究背景与意义

自20世纪90年代以来，交通基础设施建设一直作为我国优先发展实现的战略目标，规模总量高速增长。公路作为交通基础设施的重要组成部分，在我国起步较晚，但是发展十分迅速，现已形成四通八达的快速公路运输网络。随着公路里程的不断增加、交通流量的急剧增长，公众对公路使用性能的要求也日益提高。为保障公众行车安全，应及时修缮路面出现的车辙、裂缝、坑槽等病害。优质的公路养护与科学的路面管理成为提升道路服务水平的关键。

《公路沥青路面预防养护技术规范》(JTG/T 5142-01-2021)[1]和《公路水泥混凝土路面养护技术规范》(JTJ 073.1—2001)[2]均指出：为了提高公路路面的养护水平，保证路面经常处于良好的技术状态，必须进行预防性、经常性和周期性的病害调查与养护。为了提高公路养护管理工作水平，科学评定公路技术状况和服务能力，促进公路技术状况检测和评定工作的规范化和制度化，我国于2018年发布了《公路技术状况评定标准》(JTG 5210—2018)[3]。该标准针对沥青混凝土和水泥混凝土路面的损坏类型进行了详尽的定义与分类，并规定了路面的技术状况的最低检测与调查频率，见表1-1。对于具体的路面养护维修项目而言，养护设计的工作内容包括公路检测、公路评价、养护维修决策、维修方案设计等，并且要求各个阶段的工作成果能有效衔接起来。路面检测作为养护设计的基础，其主要工作内容为路面破损数据调查。传统的人工调查方法影响正常交通，无法保证检测人员的安全，检测结果受主观因素影响较大。相对于快速自动化检测，人工调查还具有速度慢、精度低、重复性差、结果处理时间长等缺点。近年来，我国在公路养护、路况数据采集、使用性能评价以及路面养护维修投资计划等方面取得了飞速发展，逐渐接近发达国家的水平。但是对于路面病害的自动检测，仍然存在一些难以克服的瓶颈问题。众多检测设备还在沿用数据收集＋人工识别的工作方式，因此，急需研发路面快速检测设备以及病害全自动识别程序。

表 1-1　最低检测与调查频率

检测内容			检测频率		
			路面损坏(PCI)	路面平整度(RQI)	路面车辙(RDI)
路面 PQI	沥青	高速、一级公路	1年1次	1年1次	1年1次
		二、三、四级公路	1年1次	1年1次	
	水泥混凝土	高速、一级公路	1年1次	1年1次	
		二、三、四级公路	1年1次	1年1次	

路面病害自动化检测设备已经成为当今国内外众多学者关注的热点。实现公路路面数据的快速采集和路面病害的自动识别是两个核心问题。然而,基于二维灰度信息的路面图像通常受到油污、阴影、轮胎痕迹等噪声的污染,导致自动化裂缝识别的难度陡增。此外,路面纹理、坑槽深度以及裂缝深度等路面三维特征信息也很难从二维灰度图像中获得。因此,采集路面三维信息的实际意义远大于采集二维灰度信息。科学技术的不断发展为三维检测设备的研发提供了有力的理论与技术基础。高精度工业数字相机、大规模集成电路芯片、大容量数据存储、机器视觉、数字图像处理、模式识别等理论与技术已经应用到路面病害检测领域,为路面检测的快速化、自动化与智能化提供了必要条件。然而受到海量数据传输速度的限制,检测速度的提升往往伴随着检测数据质量的下降,受到路面数据质量以及图像噪声的影响,病害自动识别准确率偏低。受到计算机运算能力的限制,复杂的病害识别算法使得病害实时分析处理变得难以实现。因此,持续提升路面检测系统的采集精度与速度,减少路面成像过程中的噪声影响,研发更准确、更稳定的路面病害识别算法,对于实现路面检测系统的全自动化具有重要的意义。

目前关于路面图像的自动采集设备的研究已经达到了路面病害数据自动化采集水平。随着数字成像技术、多任务实时采集系统、计算机、GPS 以及陀螺仪定位系统等的发展,公路路面的自动检测设备也不断更新并日臻完善。随着路面病害数据的大量积累,对采集到的路面图像进行数据处理与分析成为当今研究的重点。由于路面类型很多,室外光照条件不同,以及路面上的杂质、各种人工标记、阴影、轮胎痕迹等因素,造成了路面图像可能存在噪声污染、灰度分布不均、灰度对比度不合理、边缘信息模糊等缺陷,进而对后续的数据处理、裂缝分析与提取带来困难。因而对路面裂缝自动化检测关键技术的研究具有较大的挑战性。

公路路面自动化检测技术的研究主要包括两个方面:(1) 如何精确、快速地获得真实路面的信息;(2) 如何通过已获得的路面数据得出路面状况评定指标,最终为路面养护和维修决策提供科学依据。本节首先回顾近年来国内外对公路路面检测系统的研究成果,然后综述基于高精度路面图像的裂缝自动检测算法的研究进展,最后总结目前存在的问题。

1.2 路面检测技术研究现状

1.2.1 路面自动化病害数据采集系统

20 世纪 60 年代初期,美国 ASSHTO 研究报告[4]中首次提出了公路路面病害的测量方法。回顾半个多世纪的发展历程,基于不同原理的路面病害数据采集系统层出不穷,按照时间的先后顺序可以将路面病害数据采集方法划分为三类:(1) 人工检测法或车内录像测读法;(2) 二维图像扫描法;(3) 三维图像扫描法。图 1-1 总结了采集方法的演变过程,以及各个阶段所采用的主要技术手段。

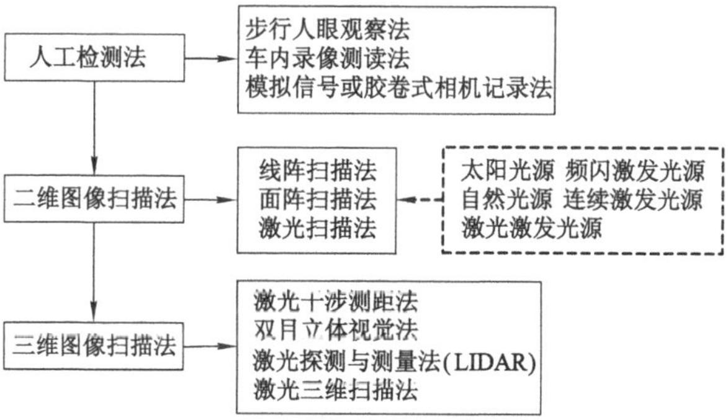

图 1-1 路面检测方法

1.2.1.1 人工检测法或车内录像测读法

人工检测法一直是路面病害调查的主要手段,至今仍有部分道路维修部门采用该方法。为了推进人工检测法朝着规范化、科学化方向发展,美国材料与试验协会(American Society for Testing and Material,ASTM)[5]定义了路面病害种类、破损严重程度以及评判路面使用状况的指标 PCI(pavement condition index)。我国的《公路技术状况评定标准》(JTG 5210—2018)[3]也明确了公路损坏类型和技术状况评价指标。由于人工检测具有安全性低、效率低、劳动强度大、影响正常交通等缺点,在实际工程中无法进行大规模路面检测。20 世纪 80 年代中期,以美国和日本为主的发达国家开始开展路面检测相关技术的研究[6-7],初期研究内容均围绕车内录像测读法和胶卷式相机记录法。尽管这些方法能够获得大量路面图片，但是其图片数据质量不高，更主要的是不利于转换成适用于计算机存储和分析的数字图像形式，需要大量的人工干预才能完成后期的路面病害识别工作。因此，这些技术没有得到市场的认可，作者认为不应将其列为自动化路面检测范畴。

1.2.1.2 二维图像扫描法

自20世纪80年代末期摄像技术、计算机技术和传感器技术等得到了飞速发展，国内外的研究部门开始利用摄像机开发路面信息自动采集系统，开发出许多基于二维图像扫描法的路面信息检测系统。根据成像方法的不同，二维图像扫描技术分为线扫描、面阵扫描和激光扫描；按照不同的光照条件，可分为自然光源扫描、频闪激发光源扫描、激光激发光源扫描等。具有代表性的有美国Earth技术公司开发的PCES系统[8-9]（图1-2）。该系统第一次应用线扫描摄像机获取路面图像数据，扫描宽度为8英尺（1英尺＝0.304 8 m），其分辨率及性能均高于传统的面阵摄像机。但是用户需要定制昂贵的硬件、软件和照明设备。由于图像采集和处理技术的不成熟，用户难以支付昂贵的硬件购买及维护费用等，Earth技术公司没有继续斥资开展后续研究。

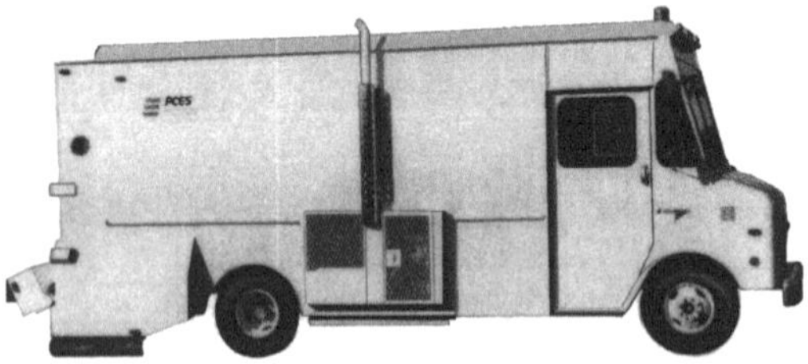

图1-2 美国Earth技术公司的检测车

瑞典的基础设施公司于1990年前后开始研发PAVUE路面检测系统。PAVUE系统集成了4部摄像机，一套定制的光照系统，4个S-VHS型录像记录仪，以及一个速度补偿模块[9]。每部相机扫描四分之一车道宽度，能够实现5～55英里/小时（1英里/小时＝1.609 3 km/h）任意速度下连续采集路面图像信息，图像分辨率为2 mm。在当时，PAVUE系统的技术先进性体现在它的图像处理器卡上。共有12个基于VME技术的图像处理卡组成一个高性能的图像处理芯片，将路面图像数据转化为裂缝边界坐标的矢量化数据，最后应用类型分类器识别裂缝种类、严重程度和范围。PAVUE系统的路面破损图像数据均为模拟信号，需要将其转化为计算机更容易处理的数字信号，降低了信息处理的效率和精度。

1995年，由悉尼·古拉尔尼克(Sidney Guralnick)教授带领的研发团队利用阴影光学干涉原理获得了单车道路面的数字地形数据，该系统称为ARIS路面检测系统[10]。阴影光学干涉图像由两个光栅的光学干涉产生，一个已知位置的参考光栅，另一个为投射到路面的阴影光栅，一个车道图像的分辨率大约为512×480像素。点光源或线光源投射到被测物体表面，用于产生阴影光栅，如图1-3所示。与PAVUE系统相同，ARIS系统采集到的路面信息为模拟信号，信号的采集与存储需要耗费大量的时间，因此实际应用方面有较多局限。

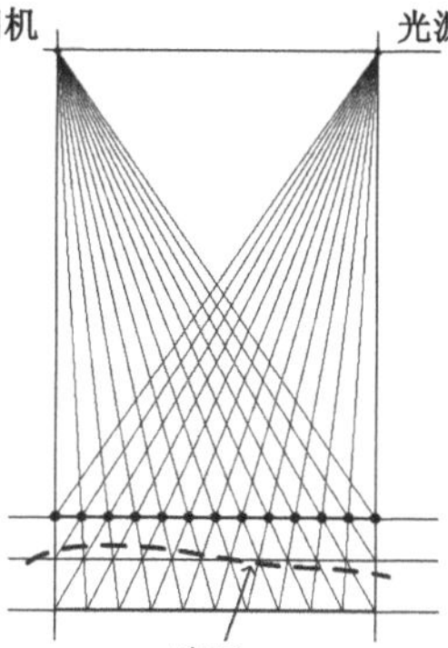

图1-3 阴影光学干涉示意图

经过4年的研究，澳大利亚的Road Crack系统于1997年投入使用，底部架设激发光源，具有4部高速数字摄像机，可以实现高达100 km/h的车速实时进行图像采集和处理，裂缝病害的检测精度可达1 mm。它是一部严格定义上的采用数字线扫描摄像机的实时检测系统，主要在三个方面取得突破性进展：① 高速数字摄像，最高线扫描频率可达27 000 Hz。② 高质量的照明系统，能够为相机曝光提供稳定且均匀的激发光源。③ 高速图像处理技术。由于该系统需要大功率的人工激发光源，若长时间照射沥青路面，存在损坏路面的风险。

2007年前后，K. C. P. Wang领导的团队成功研发数字化路面检测系统DHDV (digital highway data vehicle)[11]，建立了基于多核运算的图像处理硬件平台，如图1-4所示。该系统主要包括4个子系统：具有高频线扫描摄像机的路面成像系统、前景视频采集系统、用户定制计算机及存储设备、路面平整度和车辙测量系统。除此以外，还有GPS和光电编码器等辅助信息采集系统。经过测试，DHDV能够在每个车道宽度上以2 048像素的分辨率进行路面信息采集。通过多线程信息处理技术，建立了多媒体数字公路资产可视系统，改进了图像处理方法和破损自动分析算法等，为路面三维智能检测系统的研发奠定了基础。

图 1-4　DHDV(第一代)路面检测系统

国外基于二维图像扫描技术的路面检测系统还有加拿大路维公司研制的多功能道路检测车 ARAN 和法国的 SIRANO 等。目前,日本、美国、加拿大、澳大利亚等国的路面二维检测系统基本上进入了实际应用阶段。

国内对于路面破损信息采集系统的研究较晚,20 世纪 90 年代中期陆续引进了一些路面破损图像采集系统,多采用车载式数字摄像系统连续高速地采集路面图像,在数据处理方面需要结合软件自动处理和人工识别,这与纯粹的人工检测路面破损相比,大幅度提高了工作效率和降低了调研危险性。进口设备成本高、维护困难且许多国外系统并不适应国内的路面特性和破损评价标准,因此,在公路事业快速发展、路面养护需求急剧增加的情况下,国内的科研单位和高校研究人员开始探索研发适合我国国情的路面检测系统,并取得了一定的成果。

从 2000 年开始,南京理工大学公路智能检测课题组研发 N-1 型道路状况智能检测车,由路面病害数字图像采集子系统、前视路况数字视频采集子系统、GPS 定位子系统以及通信协调等子系统组成[12]。N-1 型检测车可以在80 km/h 的行驶速度下拍摄路面图像,同时光电编码器和 GPS 为路面图像提供里程信息。系统将采集到的数据导入数据库中统一管理,并采用计算机处理和人工辅助判别等方法处理路面图像、平整度和车辙数据,最后提交路面检测的结果报告。

王国强针对路面破损智能检测系统的若干关键问题进行了理论和试验研究,代表性研究成果有路基路面智能集成检测车。整个系统以改装的吉普车为平台,集成了路面裂缝破损检测、激光检测(弯沉、平整度)和探地雷达(路基检测)三大系统,并具有 GPS 全球定位系统和行驶里程编码器等设备实现协调运作。

交通运输部公路科学研究院公路养护管理研究中心成立科技攻关小组，研发了我国第一套具有完全自主知识产权的路况快速检测装备——路况快速检测系统(CiCS)，其整体外观和自动分析界面如图 1-5 所示。通过快速连续扫描获取二维灰度图像的方式，进行路面破损数据采集，扫描宽度为 3.6 m，每行驶2 m 存储一帧 JPEG 格式路面图像，分辨率可达到 3 056 像素(宽)×2 048 像素(长)，扫描精度接近 1 mm。该系统具有人工辅助裂缝识别功能。由于集成了多种传感器，如多点激光扫描仪、颠簸仪等，因此还可以对路面车辙、平整度等技术状况评定指标进行评定。由于该系统采用带状照明灯作为激发光源，很容易受到路面油污、标线或轮胎痕迹、阴影、光照不均等因素干扰，因此在路面裂缝病害自动识别的基础上，还需要大量的人工干预进行勘正。

除了上述二维路面检测系统外，东南大学[13]、长安大学[14]、武汉理工大学[15]、哈尔滨工业大学[16-18]，以及一些公司和研究院也致力于路面检测设备的研发，并取得了一定的成果。

1.2.1.3 三维图像扫描法

三维扫描技术应用于路面病害检测的研究始于 1997 年[19]，在之后的 20 多年间，各类路面三维扫描法层出不穷。路面三维扫描技术是多种传感器技术的应用与集成。按照激发光源不同可分为基于可视光谱的三维扫描和基于不可视光谱的三维扫描。按照成像相机原理的不同，又可以分为线阵相机三维扫描和面阵相机三维扫描。下面介绍近 20 年间发展相对成熟的路面三维扫描技术。

(1) 立体成像技术

立体成像技术以左右两个成像相机为基础，获得任意点 X 的三维空间位置。每个相机都可以读取一张二维图像，以及每张图像中对应极线几何关系，如图 1-6(a)所示。左右两个相机经过多个已知高程点标定后，基础矩阵算法被嵌入高程读取程序中，进而通过左右相机记录的图像像素点值 U_L 和 U_R 计算任意点 X 的三维空间坐标。文献[20-21]详细介绍了该过程中所应用的方法与原理。

图 1-6(b)展示了立体成像时，左侧相机光路被突出部分遮挡的情况。当被采样的路面总体趋于平坦，裂缝开口较大且深度较浅时，这种情况不会发生。反之则会导致裂缝区域成像缺陷。文献[22-23]提出了相应的改进方法，但是导致了系统设计复杂，硬件成本增加。因此，立体成像技术在路面三维检测中的应用受到了限制。

(2) 阴影形状恢复法

(a)

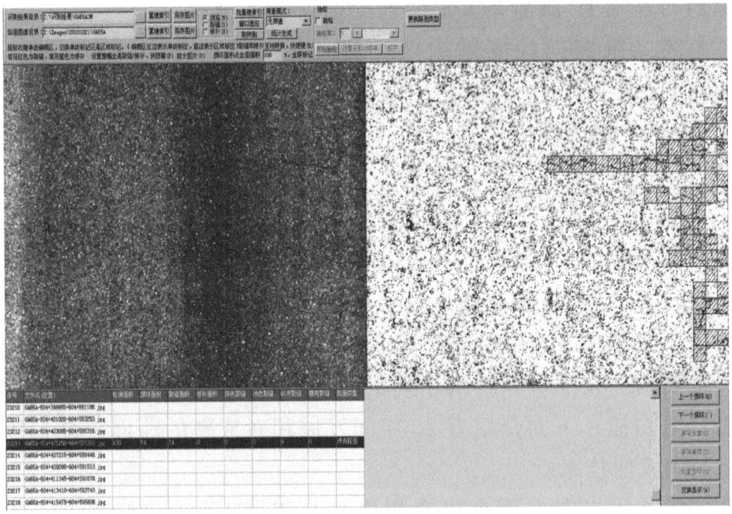

(b)

图 1-5　CiCS 路况检测系统整体外观和沥青路面病害识别界面

阴影形状恢复法(shape from shading，SFS)通过被扫描物体的形状和图像明暗度之间的关系来建立三维模型[24]。假设已知被扫描物体表面的反射率模型，如图 1-7 所示，即已知镜面波瓣、镜面锋电位等参数，曲面上某一点的梯度便可根据相应的像素强度值计算出来[25]。

阴影形状恢复法应用于路面三维扫描时，主要受到两个条件的制约：(1) 当被扫描物体表面具有较多垂直棱面时，反射光具有不连续性，因此阴影形状恢复法无法连续采集反射光数据；(2) 当被扫描物体表面反射率特性发生变化时，反射率模型随之改变，导致阴影形状恢复法失效。因此，基于阴影形状恢复法的路

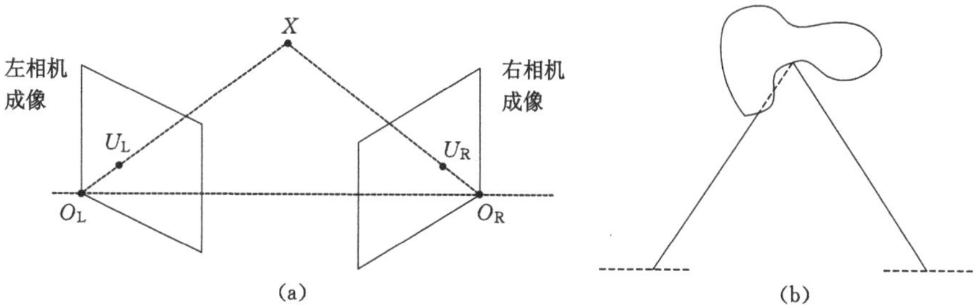

图 1-6 立体成像示意图

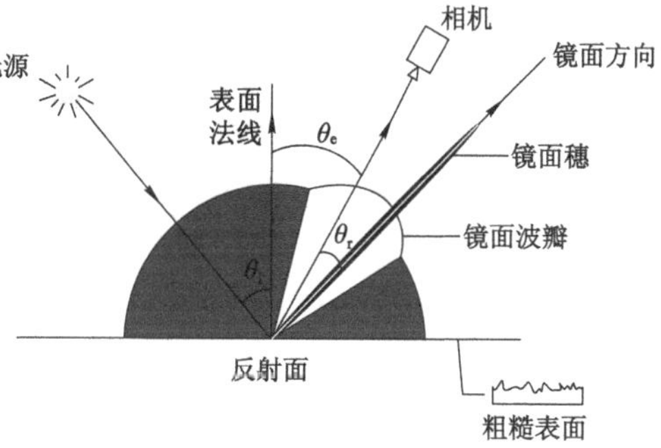

图 1-7 反射率模型[26]

面三维扫描技术未被广泛推广。

(3) time-of-flight 相机扫描法

time-of-flight(TOF)相机扫描法以脉冲光源往返于被测物体表面的时间计算距离,进而推断每个点位的三维空间坐标[27]。德州仪器公司(Texas Instruments)成功研发了 TOF 芯片组,并且可以根据用户需求定制不同型号的 TOF 三维扫描相机。LIDAR(light detection and ranging)系统集成了 TOF 三维扫描相机与可移动设备,可实现全方位三维扫描。然而大部分的LIDAR传感器最高能达到 128 像素×128 像素的分辨率,因此,在高精度路面三维扫描领域,LIDAR 技术未被采纳。

(4) 激光扫描法

激光扫描法利用三角成像原理,以单色激光作为激发光源,三维相机读取投射在被扫描物体表面的激光线高程信息。当激光和相机以一定的机制集成在可移动设备(如检测车)上时,可实现连续采集路面横断面高程信息的功能。以此为基础,可以对路面裂缝、坑槽、车辙等具有三维信息特征的病害进行高精度数据采集。根据文献[28-29]的综述与对比分析可知:路面激光三维扫描法已经被广泛使用，WayLink、Pavemetrics、Leica Geosystems、Dynatest、Ames Engineering、Pathway Services 等公司均研制成功了相关的路面检测设备。本书第 2 章将会详细阐述路面三维激光扫描原理与系统集成机制。

基于三维图像扫描法的路面病害数据采集系统种类繁多，但是被应用于实际路面检测项目的设备相对较少。直到激光扫描法出现以后，国外多家公司与高校科研机构纷纷加入相关领域研究，并且研发出了高速、高精度的路面病害数据采集系统。我国关于路面三维扫描技术的研究起步较晚，但是据悉，武大卓越科技有限公司、中公高科养护科技有限公司等科技公司正在着力开发路面三维检测设备，正在努力摆脱完全依靠进口的路面三维检测系统的现状。

1.2.2 路面裂缝自动识别算法

随着路面数据采集技术的发展与成熟，路面信息得以数字化，为路面裂缝自动识别提供了坚实的基础。路面裂缝自动识别对路面技术状况评定、路面养护计划制订、路面剩余寿命预测等具有重要的工程意义与价值。路面裂缝自动识别的研究属于道路工程与数字图像处理交叉领域。道路工程师面临的难题是：如何快速、准确地识别路面裂缝，并对识别出的裂缝区域进行精准分类？还要求自动识别结果对路面养护、维修、设计或路面技术评定具有实用价值。数字图像处理领域的学者面对的挑战是：如何开发出高效、高准确率、高召回率、高鲁棒性的图形模式识别算法。

路面三维图像与二维图像在表达路面信息方面具有本质差别，前者表示路面在低尺度上的深度信息，是路面表面形状的细致表达；后者是路面颜色的灰度信息，表征路面的明暗程度。路面深度信息和路面灰度信息都可以用二维矩阵的形式表达，均属于广义的数字图像范畴。因此，路面二维图像与三维图像有区别，但又相互关联。路面二维图像处理方法对路面三维图像处理具有重要的参考价值。

自 20 世纪 70 年代以来，国内外学者开始了基于数字图像处理的路面裂缝自动识别算法研究。从空间域到频域、从考虑局部信息到全局最优化、从传统图像处理方法到基于深度学习的路面裂缝自动识别方法，并综合应用了数学形态学、模糊逻辑、小波变换、目标优化以及深度学习等多种理论与工具，取得了丰硕的研究结果。具体可分为以下几大类：阈值分割法、模糊集检测法、纹理分析法、边缘检测法、种子识别法以及深度学习法。路面三维图像的裂缝自动识别算法，可以以此为基础进行探索和改进。

1.2.2.1 阈值分割法

作为最直接、最简单的方法，阈值化的裂缝识别在早期研究中占有一定的地位。1979 年被提出的经典的 OTSU 分割算法[30]，按照最大类内间距准则获取最优的阈值，然后提取目标特征值，其输出结果为二值图像。该方法至今仍应用于各类图像分析中。K. R. Kirschke 等[31]和 T. Pun[32]提出了基于直方图统计分析的阈值化方法。Y. C. Tsai 等[33]在比较多种阈值化方法之后推荐了一种动态最优分割算法，用于路面裂缝识别。随着研究的深入，学者们发现对一整张图像应用一个阈值进行分割往往不能获得较好的效果。当图像背景灰度不均匀，或者图像对比度不高时，全局阈值分割基本失效。对此，局部阈值分割法应运而生，其基本思想是将原图像拆分成 $M\times N$ 个子图像，如图 1-8 所示。针对每个子图像寻找最佳的阈值进行单独分割。P. S. Liao 等[34]提出了多层阈值分割法，H. Oliveira 等[35]将图像信息熵融入两层阈值化的裂缝分割算法中。

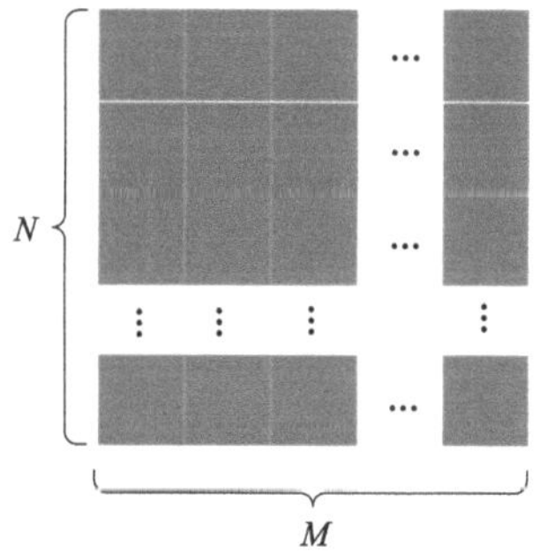

图 1-8 局部阈值分割法的子图像

由于路面表面特性的改变以及环境光源的变化，成像系统不能很好地采集与动态范围一致的高质量路面数据，进而影响阈值分割法在路面裂缝自动识别过程中的效果。根本原因是：阈值分割只考虑了裂缝区域的灰度值较低的客观事实，而没有考虑裂缝梯度信息和线性形态等特点。因此，阈值分割法的使用受到了较大限制。

1.2.2.2 边缘检测算法

路面裂缝区域具有较强的边缘特征，通常裂缝边缘的梯度会呈现明显突变，而背景图像以及裂缝区域内部的梯度变化平缓。据此可设计基于边缘检测的路面裂缝识别算法，例如 Sobel 算子、Prewitt 算子、Kirsch 算子、Roberts 算子、梯度算子、拉普拉斯算子和 Marr 算子等[36-37]。A. Ayenu-Prah 等[38]对路面图像进行预处理后，采用 Sobel 边缘检测算子对路面裂缝区域进行提取。1986 年，J. Canny[39] 首次提出了 Canny 边缘检测算法，该算法对较长的裂缝区域识别较为准确，但是对噪声敏感，经常检测出伪边缘。M. D. Yan 等[40] 设计了一种基于中值滤波和形态滤波相结合的路面裂缝边缘识别算法。李晋惠[36,41] 构造了多方向的 Sobel 模板用于路面裂缝提取，展示出了较好的识别结果。张娟等[42] 指出仅采用灰度变化的幅值检测边缘的缺点，相应提出了路面裂缝的相位编组法。

与此同时，学者们探索了边缘检测的新理论和新方法。P. Soille 等[43] 根据方向性形态学算子提取图像中的线性特征。S. Shah[44] 提出了基于形态学的路面裂缝识别算法。马常霞[45-46] 根据路面图像梯度变化平缓的特征，提出了一种基于分数阶微分和图像形态学的路面裂缝识别算法。闫茂德等[47] 利用形态学梯度算法和闭合算法首先对路面边缘进行识别，然后对识别的裂缝图像进行孔隙填充。采用这种方法能够有效检测出裂缝边缘，并保持裂缝边缘的平顺性。融合了分形理论，王华等[48] 提出了基于分形特征的图像分割算法，经过处理的路面图像裂缝边缘清晰，连续性较好。

边缘检测算法根据边缘信息特征识别路面裂缝，由于多数情况下裂缝区域与非裂缝区域差别不明显，因此该类算法的准确性会降低，甚至会失效。而对于裂缝宽度较大的情况，其裂缝区域内部像素较为均匀，边缘检测算法只能检测到裂缝的外轮廓，从而裂缝的长度、宽度和面积等信息将很难统计，不利于后续的裂缝分类和路面技术状况评定。

1.2.2.3 频域识别算法

不同于阈值分割法和边缘检测法，频域识别算法首先将图像转换到频域空间，经过特定的处理后再转换到空间域，获得裂缝识别结果，如图 1-9 所示。在路面裂缝识别领域，具有代表性的有小波变换[33,49-53] 和 Ridgelet 变换[54-56]。J. Zhou等[49] 根据小波系数将路面裂缝和背景图像分割开；P. Subirats 等[53] 利用二维连续小波变换方法识别路面裂缝。E. J. Candès 等[55] 提出了多尺度分析方法 Ridgelet 变换。M. N. Do 等[56] 在此基础上，对 Ridgelet 变换进行拓展，并提出了 Finite Ridgelet 变换，该变换可以克服非目标线段的干扰，便于直线目标的提出。为了检验基于 Finite Ridgelet 变换结合正交小波变换对线性特征识别的准确性，丁辉等[57] 进行了大量试验，其结果表明这种方法对复杂背景下直线特征和一些规则线性特征具有良好的识别效果，但是对不规则线性目标识别结果较差。

频域变换结合信号处理领域的理论与方法，为路面裂缝识别提供了新的途径，但是这些方法普遍对高曲率或连续性较差的高频图像识别效果较差。除此

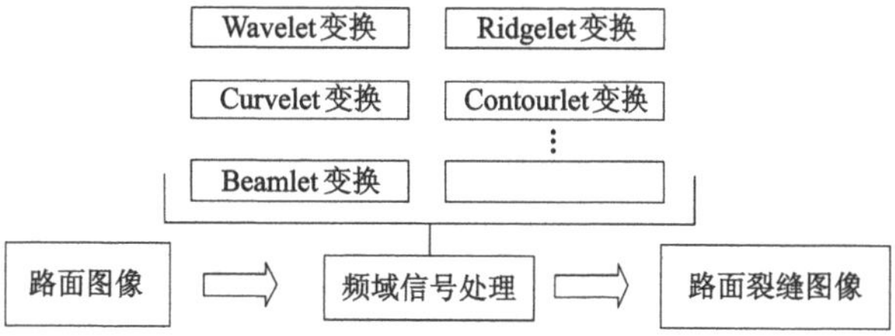

图 1-9 频域处理技术

以外，频域识别算法由于经过两次转换，计算成本较高，如何简化和加速该类算法还有待进一步研究。

1.2.2.4 纹理分析法

路面通常会有一定的纹理特征，于是学者们针对该类特性开展路面裂缝识别算法。根据局部灰度模式（local binary pattern，LBP），T. Ojala 等[58]提出了基于纹理的裂缝识别算法；K. Y. Song 等[52]和 M. Petrou 等[59]应用 Wigner 模型进行路面纹理边缘提取和路面裂缝识别；D. R. Martin 等[60]根据局部灰度、颜色和纹理特征等信息检测路面裂缝边缘。该类算法可以作为辅助路面裂缝识别算法的工具，用于消除路面纹理的影响。

1.2.2.5 深度学习算法

随着深度学习理论的成熟与广泛应用，基于深度学习的路面裂缝识别算法已经越来越受到学者的重视。深度学习神经网络包含大量网络参数，因此深度学习过程需要计算量巨大的计算与迭代。深度学习算法首先要建立特征向量描述图像特征，然后根据选定的测试图像训练特征向量，最终利用训练后的特征向量检测和区分路面裂缝区域。J. Bray 等[61]利用神经网络方法判断路面图像是否有裂缝像素。基于人工神经网络与支持向量机等的机器学习算法也被成功用于裂缝检测与分类[62]。L. Zhang 等[63]和 Y. J. Cha 等[64]抛开了人工设计滤波器的方法，证明了深度学习可以用于路面小区块图像的分类。G. A. Xu 等[65]将 20 像素×25 像素图像子块的 4 个统计特征值作为神经网络的输入，并计算该图像子块属于裂缝子块的概率，最后对识别为裂缝子块的图像进行连接。A. Zhang 等[66]首次利用深度学习理论以像素级的精度对路面裂缝进行识别，其研究成果具有一定的先进性。

深度学习算法引入了机器学习中的成熟理论和研究成果，在识别准确率方面得到提升。但是深度学习方法的应用与推广受到以下条件的制约：

(1) 深度学习网络模型搭建复杂，神经元个数难以确定，网络结构纷繁多样。

(2) 深度学习的训练过程需要样本数量充足且种类丰富的样本库，组建样本库需要大量人力，且需要充足的路面图像数据作为支撑。

(3) 利用经过深度学习训练的神经网络进行路面裂缝识别时，计算量较大，需要较高的电脑硬件配置，以及多线程的计算处理器和图像处理器。就目前的电脑硬件性能而言，采用深度学习算法很难做到实时处理采集到的路面病害数据。

1.2.2.6 其他算法

学者们还探索出其他路面裂缝识别算法，如 P. Delagnes 等[67]利用马尔科夫随机向量场提取路面裂缝；Y. X. Huang[68]提出了从裂缝面元到裂缝面元串，最后再到裂缝线的梯度，进行路面裂缝识别的方法；H. D. Cheng 等[69]将模糊集理论应用到路面裂缝识别中，在 A. Hassani 等[70]的研究中，该方法得到了扩展与深化。张娟等[42]提出了采用相位编组法进行路面裂缝提取。唐磊等[71]将二维平面图像映射到三维曲面上，使得路面裂缝信息以一片狭长的“山谷”的形式被描述出来，然后采用基于微分几何的空间检测算子提取三维曲面中的“山谷”。

1.2.3 路面裂缝分类算法

路面裂缝分类是在路面裂缝识别的基础上对裂缝区域进行进一步的划分。准确的路面裂缝划分可以在路面病害自动化识别与现行路面检测规范之间架起桥梁。随着路面病害自动化采集设备和路面图像病害识别算法的日渐成熟，该部分研究内容受到了越来越多的关注。

要实现路面裂缝图像的准确分类，可以从以下两个方面进行分析研究：

(1) 提取路面裂缝图像特征。不同裂缝类型具有不同的特征与属性，提取这些特征与属性是路面裂缝图像分类的基础。

(2) 设计或训练具有良好性能的分类器。分类器的性能决定了最终分类结果的准确性。

路面裂缝具有一定的形态特征，通过提取这些裂缝区域的特征，采用恰当的分类方法，便可以实现裂缝的精细化分类，进而完成路面损坏统计量的计算，其流程如图 1-10 所示。

裂缝区域的特征表现为点状特征、线状特征和面状特征[72-73]。点状特征有离散曲率奇异点个数及分布等；线状特征有平均曲率半径、区域长宽比、外接矩形长宽比、裂缝边缘平均曲率等；面状特征有区域总长度、宽度、面积、外接矩形

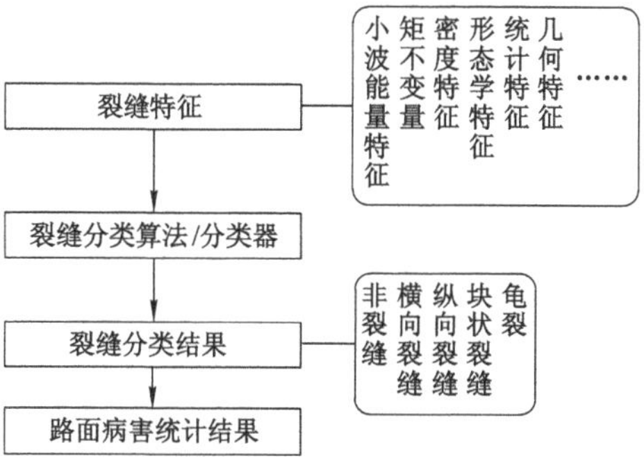

图 1-10 路面裂缝分类流程图

的面积等。还有学者根据小波能量特征[74]、各阶不变矩[75]、分布密度[76-77]、统计特征[78]等来表达裂缝区域的不同属性，由此完成了路面裂缝分类。张采芳等[79]利用方向性及密度分布上的差异性对裂缝进行划分。

根据提取到的路面裂缝特征，结合神经网络、支持向量机、遗传算法等理论，便可设计出路面裂缝的分类器。常用的分类器有贝叶斯分类器、线性分类器和非线性分类器。根据分类器的内部参数是否由人工设计，又可以将分类器分为无监督方法和有监督方法。

1.2.3.1 无监督分类方法

无监督分类方法以判断规则为依据得到分类结果。支持向量机采用统计学理论，在高维空间内构造一个超平面，可用于路面裂缝分类。与有监督的神经网络的不同之处是支撑向量机采用数学方法和优化技术。M. Gavilan 利用改进的支撑向量机进行路面破损图像分类；李国燕[80]选取高斯核函数作为支撑向量机的核函数，以不同尺寸的路面子块图像作为分类器的输入，实现了对非裂缝、横向裂缝、纵向裂缝、龟裂和块状裂缝五种路面破损类型的区分。丁爱玲等[81]针对训练样本少的情况，建立了相应的支持向量机分类算法。孙奥[74]以小波能量描述路面图像的特征，并用具有不同核函数的支持向量机进行学习和分类，取得了较好的路面病害图像分类效果。

除此之外，H. N. Koutsopoulos 等[82]基于决策树提出了裂缝分类方法；H. Rababaah等[83]研究了基于投影特征和 Hough 特征的分类器；胡世昆[84]应用阈值判断法来辨别网状裂缝和线形裂缝，然后根据投影法区分纵向裂缝和横向裂缝，最后采用骨架化算法拼接裂缝的几何特征，得到了较好的裂缝分类结果与裂缝参数。

1.2.3.2 有监督分类方法

在路面裂缝分类研究中，有监督学习方法占主要地位。该方法首先以有监督学习方法设计分类器，然后用标准路面破损样本进行训练学习得到优化分类参数。由于路面裂缝图像破损形式不同，破损程度不同，通常很难通过统一的几何特征或形态属性设计出精准的分类器。人工神经网络由于具有较好的稳定性、容错性和鲁棒性，在非线性分类器处理系统中占据重要的地位。因此，基于神经网络的有监督分类方法成为解决图像分类问题的重要手段。

W. X. Xiao 等[85]提出多级神经网络的路面裂缝图像分类技术，首先应用第一级神经网络将路面图像划分为有病害图像和无病害图像，然后再利用第二级神经网络区分有病害图像的具体类型。B. J. Lee 等[86]搭建了 3 种神经网络作为分类器对路面裂缝图像进行分类，分别是基于原图像的神经网络(INN)、基于直方图的神经网络(HNN)和基于概率的神经网络(PNN)。对比分析可知基于概率的神经网络性能优于其他两个网络。樊瑶[14]设计了一个 4 层径向基概率神经网络进行裂缝类型的识别，经过与 SVM、C5.4 决策树分类器、贝叶斯分类器对比，可知该分类器的识别准确率较高。初秀民等[87]将路面破损图像划分为 64 像素×64 像素的子块，选用子块图像的矩阵特征值、标准值以及整幅路面裂缝图像的特征值作为神经网络的输入，经过神经网络的训练，得到了性能较好的分类效果。

基于人工神经网络的图像分类器是实现路面裂缝自动化识别的重要手段，代表着现阶段研究的发展方向。目前众多学者已经可以得到较好的路面裂缝图像分类效果，但是分类结果仅限于将图像分成两类(有裂缝图像和非裂缝图像)，或五类(非裂缝、横向裂缝、纵向裂缝、龟裂和块状裂缝)。而这样的分类结果很难满足我国现行的道路检测规范的要求。因此必须进一步探索更为精细的分类方法。除此以外，需要设计结构简化、计算量小的神经网络，为路面病害快速化采集与识别提供必要条件。

1.3 目前存在的问题

随着计算技术、光学扫描技术、大数据存储与传输技术、数字图像技术以及人工智能与模式识别技术的快速发展，路面图像的自动化采集已经趋于成熟，并且达到了商用级别，为路面病害信息的快速采集提供了有效的途径，具体表现为：

(1) 高清工业相机的应用使采集图像的精度大幅度提高，目前普遍的采集精度可达 1 mm，甚至达到亚毫米级别；

(2) 高强度、单色激光作为激发光源，可以有效抑制路面阴影、油污等带来的噪声影响；

(3) 采集车速为车辆正常行驶速度(20～100 km/h)，不仅避免影响交通，还可以保证路面数据的完整性；

(4) DMI 距离测量与 GPS 定位技术为路面病害数据管理提供了有效支持；

(5) 大数据存储与传输、图像实时压缩技术使得路面数据采集达到 TB 级别。

虽然在路面病害图像识别与病害图像分类方面取得了很多研究成果，但是大多数是在实验室条件下完成的，因此，全自动的路面破损识别与分类技术未得到普遍推广。在实际路面检测项目中，采用自动化路面破损数据采集与人工病害图像识别相结合的方法是目前应用最广泛的作业方式。

路面病害图像自动识别与分类面临的挑战概括起来可分为以下几类：

(1) 路面采集系统成像不均匀。

大多数的路面成像系统由激发光源和工业相机组成，激发光源经过光学棱镜的折射后投射到道路表面，其光照强度会出现中间高、两侧低的情况。而且成像相机对光照条件较敏感，因此，路面图像通常会中间亮，边缘暗。这种现象为后续的算法研究设置了障碍。

(2) 算法通用性问题。

首先，高校和科研机构或路面检测设备研发公司将采集到的路面图像存储成不同的格式，如.jpeg，.bmp，.csv 等。大多数检测设备的采集图像经过加密后，第三方难以获得其原始图像数据。某个科研团队研发的病害识别算法很难迁移至其他路面图像的处理中。其次，不同的路面采用的筑路材料和施工工艺不尽相同，再加上天气、光照条件、拍摄环境等因素的影响，使路面成像效果千差万别。国内外学者开发了许多路面破损图像识别算法，在先验知识的约束下，这些算法大多数对于同一种样本集的图像有效。当处理不同的样本集图像时，甚至是处理相同采集系统在不同环境下采集的图像时，往往需要人为调整算法的参数。如果路面图像的主要特征发生变化，这些算法往往失效。

(3) 算法研究的系统性问题。

路面破损图像识别与分类一般分为图像增强/降噪、图像分割、图像分类、路面技术状况评估四个步骤。这四个步骤相互关联，前一步的结果作为后一步的输入。目前大多数国内外学者只针对其中的某一个或某两个方面进行研究，缺少将四者联系起来的系统性研究。

(4) 路面裂缝识别算法的准确性问题。

路面裂缝图像具有不连续性和边缘模糊性。目前的裂缝识别算法直接采用边缘检测算子或梯度检测算子，将裂缝区域设置为“1”，非裂缝区域设置为“0”，形成二值路面裂缝图像。现有的边缘检测算法在裂缝特征不明显的区域识别效果不能令人满意，进而影响路面裂缝识别算法的准确性。

综上所述，目前国内外学者在路面病害图像自动化采集领域取得了一系列进展，而与之配套的商业化路面破损识别软件还是处于人工辅助的半自动化状态，全自动的路面破损识别软件还未进入实用阶段。众多学者正在针对路面破损图像的特征，进行更为深入的研究，力求在路面破损图像识别领域探索出通用性更好、准确率更高、实时性更强的新理论和新方法，为全自动化的、实时的路面检测系统提供技术支持。近年来图像特征提取技术和人工智能技术的飞速发展和成功应用，为路面裂缝自动识别技术的发展提供了全新的思路。

1.4 本书研究内容与技术路线

本书共包括 6 章内容，以高精度路面三维数据为基础，综合应用图像预处理技术、卷积神经网络技术、可调式匹配滤波器技术等，围绕开发快速、准确、有效的沥青路面裂缝自动识别与分类算法这一目标，拟开展如下研究：

第 1 章：绪论。主要介绍了研究背景和意义，通过路面自动化病害数据采集系统、路面裂缝自动识别与分类算法的国内外研究现状综述与分析，得出目前该领域存在的问题。

第 2 章：路面三维检测原理与系统集成机制。详细介绍了三维激光扫描技术，针对公路路面三维检测系统的总体设计和路面检测系统的硬件集成进行详尽阐述，并以该系统采集的高精度路面三维图像为算法开发基础。

第 3 章：路面三维图像预处理。根据路面三维图像的特点，以改善图像质量、增加裂缝信息为目的，采用混合图像增强技术处理路面三维图像，降低了原有数据特点对裂缝识别算法的不利影响，显著提高了路面图像的质量。预处理后的路面图像为准确且全面的裂缝识别奠定了基础。

第 4 章：人工神经网络的结构及算法。介绍了多层神经元网络和卷积神经网络的相关理论。针对多层神经元网络的结构和训练过程，介绍了经典的前向传播算法与 BP 算法，其中包括敏感度的计算与传递、学习率等。在此基础上，结合卷积神经网络的特点，详细介绍了卷积神经网络结构中的细节，例如卷积层、池化层及全连接层的设置，以及分类器的选取等。针对卷积神经网络训练方法，详细阐述了残差在不同层间传递的方式。本章内容为卷积神经网络在公路沥青路面三维图像分类中的应用奠定了理论基础。

第 5 章：基于卷积神经网络的沥青路面病害图像分类。本章在收集了大量路面三维病害图像的基础上，提出了基于卷积神经网络的沥青路面病害图像分类方法。结合当前关于卷积神经网络超参数的研究热点，以卷积核尺寸、学习率和 Batchsize 3 个超参数为试验因素，设计了 3 因素 4 水平正交试验。通过正交试验结果的直观分析，得出了各个因素对不同考察指标的主次影响顺序，进而得到了最优超参数水平组合。

第 6 章：沥青路面裂缝病害提取方法。本章以第 3 章至第 5 章的算法研究为基础，针对预处理后的路面三维图像，提出了基于可调式匹配滤波器（SMFB）的三维沥青路面病害图像提取算法，并用 200 张选自不同采集环境的路面图像来验证该算法的准确率、召回率和 F 值。

第 7 章：本书主要结论及展望。对全书研究思路与技术路线进行归纳与总结，阐述主要结论和创新点，并对今后研究工作进行了展望。

本书开展相关研究的技术路线如图 1-11 所示。

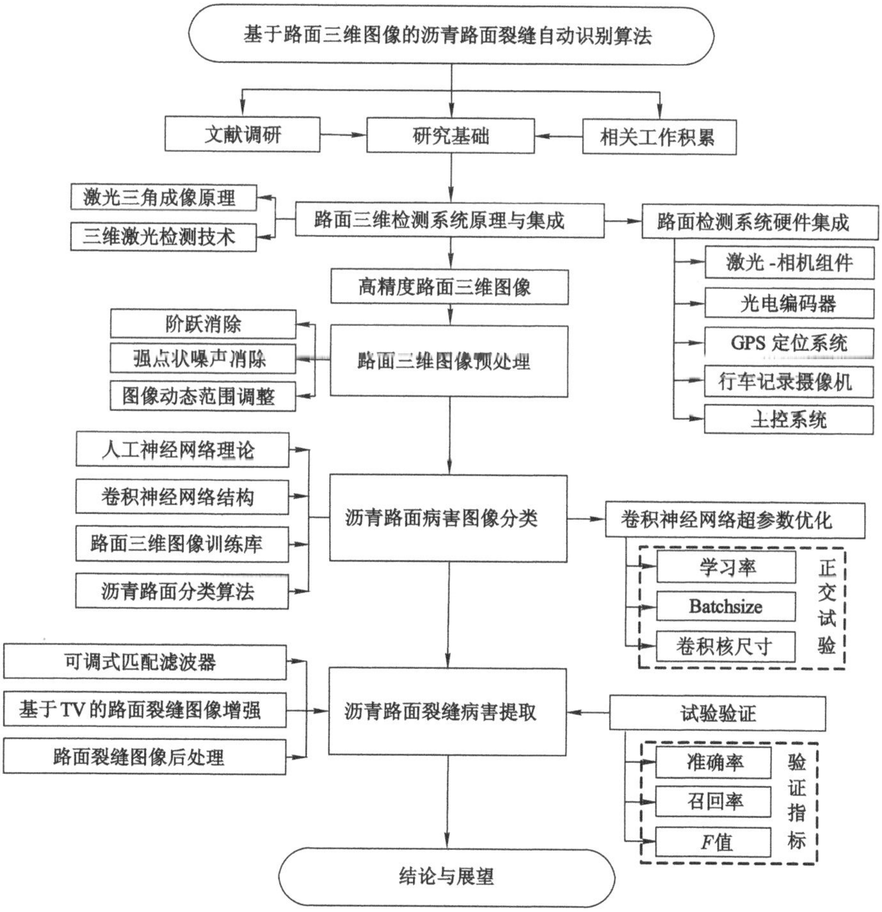

图 1-11 技术路线图

第2章 路面三维检测原理与系统集成机制

快速、准确的自动化检测设备已经成为当今研究的热点与难点。公路是一个三维的客观实体，路面表观病害本质上也是以三维信息的形式存在的。此外，从图像处理角度来看，相对于二维灰度图像，公路路面三维图像能够承载更多的真实信息。因此，获取路面三维信息是实现路面病害自动识别的基础与前提。随着激光三维扫描技术的不断发展，越来越多的商用三维扫描系统应用于各个领域，如工业测量领域的汽车、飞机、轮船制造与组装过程中的测量定位，流水线零件检测(图 2-1)以及人体扫描等；模具快速制造、产品仿制、玩具设计、三维动画、艺术品的制作等逆向工程；土木工程领域的历史建筑保护，建筑物和构筑物的三维建模等；数字地面模型构建、建筑物变形监测、三维城市景观模型构建和虚拟现实等。本章通过收集大量三维激光扫描商用系统的资料，系统介绍了三维激光扫描技术及其应用。基于激光三角成像原理，系统介绍了路面三维检测系统的硬件组成和集成机制。

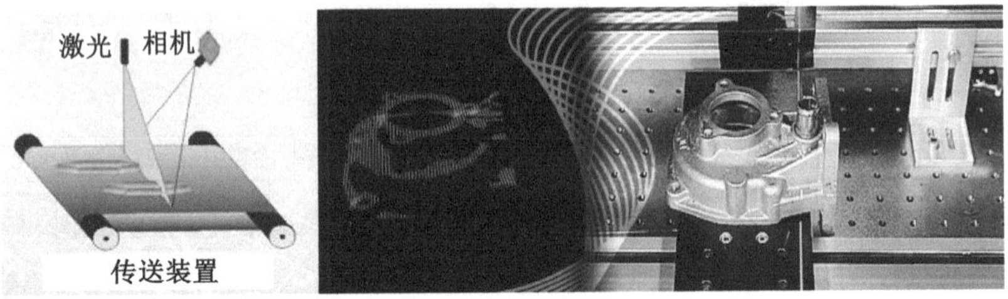

图 2-1　零件破损检测

2.1　三维激光检测技术及应用

在现代工业中，三维激光扫描是一种先进的全自动立体扫描技术，以多种传感器集成技术和计算机技术为基础，通过向被检测物体投射激光，并由激光测距仪按照指定频率读取物体表面三维信息。该项技术又被称为实景复制技术，主要面向高精度逆向工程的三维建模与重构。近年来，三维激光扫描技术得到了飞速发展，已经成为一门多领域、多用途的实用新型技术，按照不同的应用领域和工作原理有多种分类方法。

2.1.1 按照操作的空间位置或系统运行平台分类

(1) 机载型激光扫描系统

机载型激光扫描系统(图 2-2)通常将机载全球定位系统(GPS)、惯性测量单元(inertial measuring unit，IMU)、LIDAR 传感器以及辅助控制系统，集成在飞行器上。通过 LIDAR 传感器读取激光到达物体表面和返回的时间，实现三维地物测量，如图 2-3 所示。配合全球定位系统(GPS)和测区的控制站，以动态差分方式进行机体航行定位，并由惯性测量单元(IMU)与定位系统整合求解得到扫描平台的方位。目前机载激光扫描仪使用的激光波长为近红光，少量使用绿激光波段，主要应用于近岸水深测量和近岸地形测量。

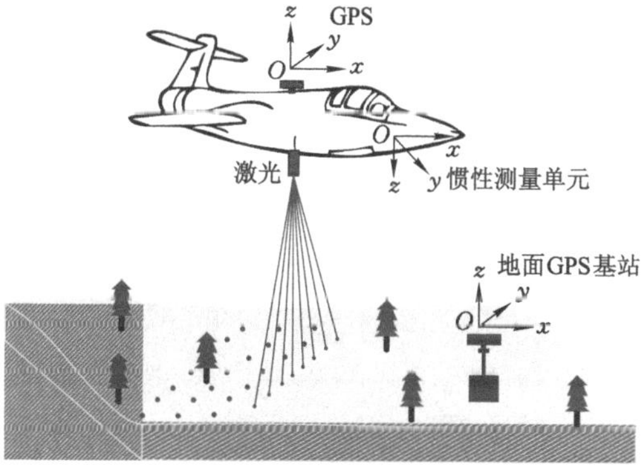

图 2-2　机载型三维激光扫描系统

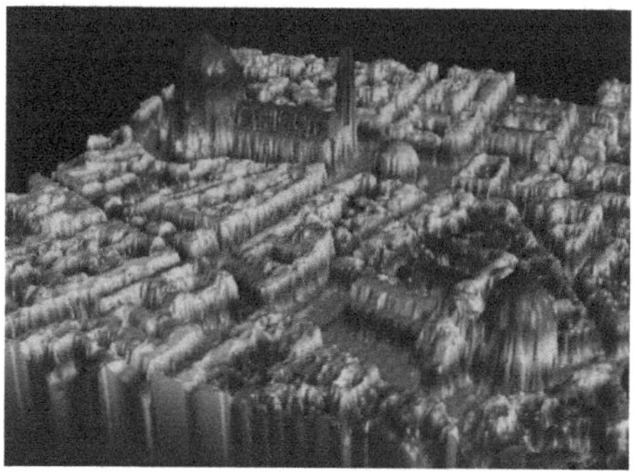

图 2-3　LIDAR 三维数据重构[88]

（2）地面型激光扫描系统

地面型三维激光扫描系统由三维激光扫描仪、工业相机、采集控制硬件及软件、后处理软件以及附属设备组成，用于获取地表或者复杂物体的表面三维几何图形数据。通过后处理软件处理激光云数据，最终生成绝对坐标系中的三维模型。根据测量方式还可以分为两类：一类是车载式激光扫描系统，例如基恩士公司（KEYENCE）的路面扫描系统，如图 2-4 所示；另一类是固定式激光扫描系统，例如 Teledyne Optech 公司的 Optech ILRIS-3D 大地激光扫描仪，如图 2-5 所示。

图 2-4　路面扫描系统[97]

图 2-5　Optech ILRIS-3D 大地激光扫描仪[89]

（3）手持型激光扫描仪

相对于以上两种扫描系统，手持式激光扫描仪的精度更高，使用更便捷。应用于文物保护、机械制造、产品质量检测、逆向工程与影视动画制作等众多领域[91-93]。该类型的仪器配有联机软件和反射片，如莱卡的迪士通系列产品

(图 2-6)和 FastScan 手持式人脸扫描仪(图 2-7)。手持式三维激光扫描仪由磁场定位系统和激光扫描系统组成。磁场定位系统由磁场发射器和磁场接收器组成,激光扫描系统由激光发射器和激光点云接收器组成。在扫描过程中,磁场发射器要与被扫描物体表面尽可能靠近,扫描器的工作距离为 15～75 cm。根据激光三维点云坐标计算,可以还原出被扫描物体的三维轮廓。并根据磁场发射器的电磁信号,由磁场接收器计算激光扫描仪在整个扫描过程中的空间位置和姿态。通过数据融合技术,计算出每个扫描点的坐标,进而得到被扫描物体的三维数据。

图 2-6　Leica Roteo 35G 激光扫描仪

图 2-7　FastScan 手持式人脸扫描仪

2.1.2　按照扫描仪的扫描成像方式分类

(1) 摄影扫描式

该类型扫描仪受扫描瞬时视场(field of view,FOW)的限制,通常用于户外物体扫描,如莱卡的 CYRA2500(HDS2500)和 OPTECH 的 ILRIS 3D 扫描仪。其长距离扫描具有较大优势。

(2) 全景扫描式

该类型扫描仪视场局限于自身的固定三脚架,仅适用于室内物体扫描,或对房屋净空、屋内设备的空间数据等进行数字化。相应的三维扫描仪器有 CALLIDUS和Imager5003。

（3）混合扫描式

该类型三维扫描仪集成了上述两种扫描仪的优点，在水平方向上可以任意角度旋转，而垂直方向的旋转受镜面采光条件的限制。相应的型号有GS200和LMS Z360。

2.1.3 按照扫描仪测距原理分类

（1）基于时间漂移原理

大多数的长距离、大尺度扫描仪测距都采用该原理，其测距范围可达数百米至千余米，但是由于扫描范围较大，扫描精度相对较低。

（2）基于相位测量原理

采用该原理研发的三维扫描设备主要用以进行中等距离的扫描测量，其扫描范围一般在100 m以内，与采用时间漂移原理的扫描系统相比，其精度相对较高。

（3）基于激光三角测量原理

采用激光三角测量原理的扫描设备，工作距离相对较近，一般在数米至数十米之间，主要应用于工程测量及检测、逆向工程中，可根据测量或检测任务的需求，设计不同的扫描精度。

三维激光扫描技术作为一种新型的三维数据获取手段，是对传统测量与检测的重要补充，也是自动化公路三维检测系统设计与集成的重要依据。就目前的应用情况来看，各类扫描系统仍然存在自身的不足。例如，由于数据传输速度的限制，扫描精度的提高往往伴随着扫描速度增大而降低。对于手持式三维激光扫描仪，由于硬件设计固定化，使得仪器的工作距离必须控制在一个较小的范围内。由于激光光斑的大小不仅影响感光元件的曝光效果，还直接影响扫描精度。激光光斑越大且强度越大，曝光效果越好，但是会影响被扫描物体的边缘与转角处的扫描精度。同样的问题也存在于线激光扫描系统中。此外，三维数据的标定与校正、三维模型的重构、数据特征识别与分类等都是三维激光扫描仪所面临的巨大挑战。

2.2 激光三角成像原理

在非接触三维扫描技术中，激光三角成像法（laser triangulation）具有技术成熟、测量速度快、实时处理能力强、使用灵活等优点，在工业中的距离和三维形貌检测中有着广泛的应用。在激光三角成像法中，由激光器发出一束激光照射在被测物体表面，在另一方向通过工业相机观察反射激光，进而计算出被测点的位置。由于激光发射器、被扫描物体表面以及成像相机在空间上形成一个三角形，所以这种方法称为激光三角成像法。根据入射激光线和被测物体表面法线的几何关系，一般分为直射式和斜射式两种[94]，其光路图如图 2-8 和图 2-9 所示。

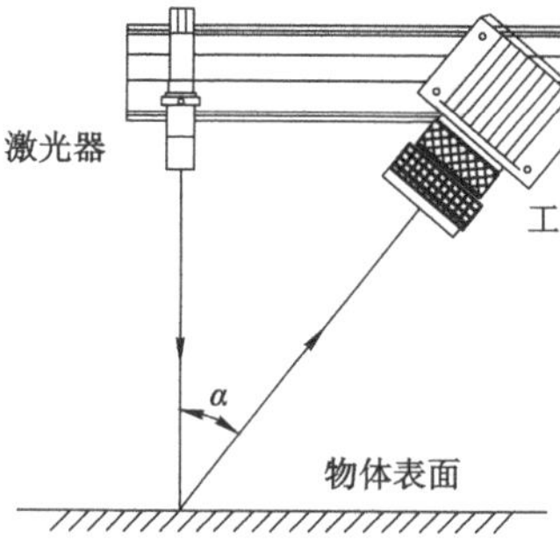

图 2-8　直射式光路图

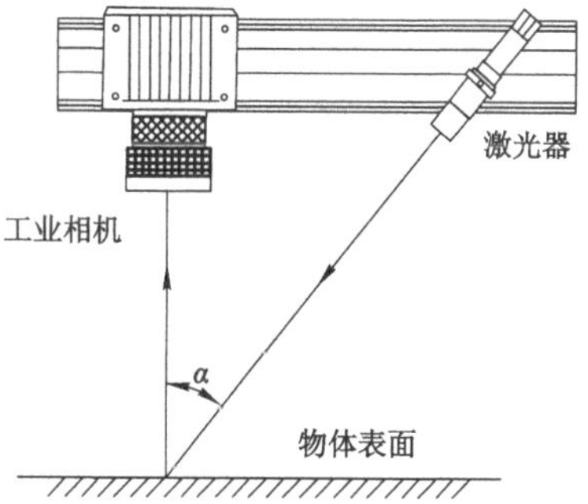

图 2-9　斜射式光路图

当采用直射式三角成像法时，激光光斑小，反射光强度更集中，适用于检测以散射及漫反射为主的粗糙的物体表面。斜射式常用于被扫描物体表面易发生镜面反射的情况。本书研究主要针对沥青路面进行三维激光扫描，因此选择直射式激光三角成像法。具体原理如图 2-10 所示，以点光源为例。

在图 2-10 中，激光器与相机感光元件之间的夹角为 θ；a 为相机镜头中心至被扫描物体表面的距离；b 为相机感光元件几何中心到相机镜头中心的距离；c 为相机镜头中心至激光线的水平距离；Δz 为被扫描物体表面的深度变化量；$\Delta z'$ 为 Δz 在工业相机感光元件上的位移变化量；f 为相机焦距。

根据正弦定理，ΔABC 中有：

$$\frac{a}{\sin(\theta-\theta_z)}=\frac{\Delta z}{\sin\theta_z} \tag{2-1}$$

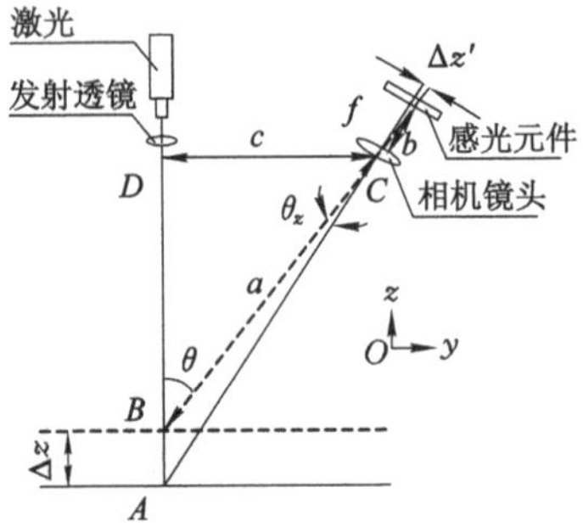

图 2-10　直射式激光三角成像法原理图

因为 $\cot\theta_z=\frac{f}{\Delta z'}$，所以有：

$$\Delta z=\frac{a\Delta z'}{f\sin\theta-\Delta z'\cos\theta} \tag{2-2}$$

将 $\sin\theta=\frac{c}{a}$ 和 $\cos\theta=\frac{\sqrt{a^2-c^2}}{a}$ 代入式(2-2)中得：

$$\Delta z=\frac{a^2\Delta z'}{bc-\Delta z'\sqrt{a^2-c^2}} \tag{2-3}$$

由于 $bc\gg\Delta z'\sqrt{a^2-c^2}$，并且对于大多数工业相机来说，镜头与感光元件之间的距离均较小，因此 b 可以近似等于相机焦距 f。所以式(2-3)可以简化为：

$$\Delta z=\frac{a^2}{fc}\Delta z' \tag{2-4}$$

当激光与成像相机的空间位置固定后，c 便可以确定下来，相机焦距 f 为自身固有参数。随着被扫描物体表面的凹凸变化，a 随之变化，但是当相机距被扫描物体距离足够大时(1～2 m)，此项误差可以忽略。因此，Δz 与 $\Delta z'$可视为线性关系。工业相机感光元件的功能是将入射光的信号转化为电信号，并记录每个入射光斑的位置信息。经过相机内部的初步数值化，将以上信息传输至计算机，并进行存储。当被扫描物体表面在 z 轴方向(垂直方向)位置发生变化 Δz 时，工业相机会捕捉到相应的像元位移 $\Delta z'$。通过式(2-4)便可以计算出真实位移变化量 Δz。

线激光扫描法是点激光扫描法的自然延伸，也是实现从单点测距向横断面扫描的关键跨越。如图 2-11 所示，当激光经过光学棱镜后，在被扫描物体表面投射成一条高亮激光线，相机感光元件不仅记录 $\Delta z'$，还记录 $\Delta x'$。根据相似三角形的性质有：$\Delta x=\frac{a}{f}\cdot\Delta x'$。由于针对某已集成的扫描系统的 a 与 f 的取值固定，因此 Δx 与 $\Delta x'$ 也是线性关系。由通过相机感光元件输出的 $\Delta x'$ 可以计算出 Δx。图 2-12 为线激光扫描实物图。

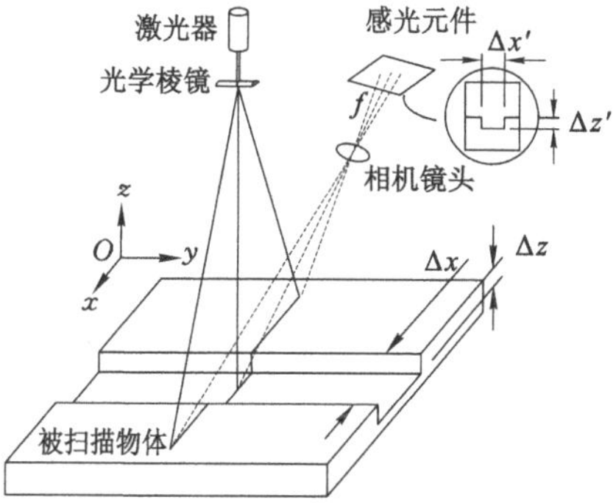

图 2-11　激光三角法扫描示意图

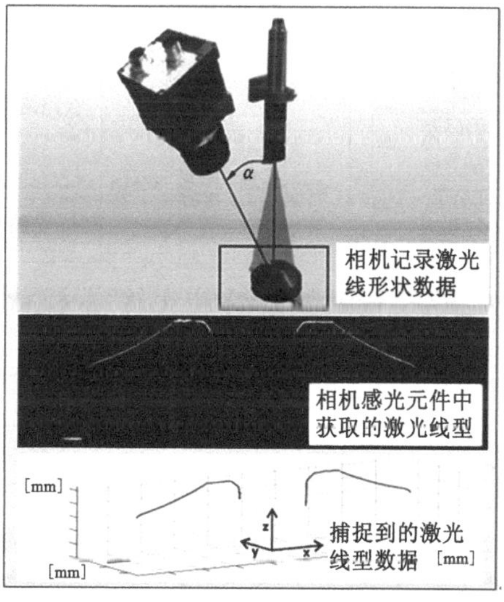

图 2-12　线激光扫描实物图

至此已经介绍了两个维度的激光扫描过程，即 z 轴方向和 x 轴方向。相机每曝光 1 次便有 1 条 2D 横断面（垂直于 y 轴的平面）曲线被记录下来。当三维激光扫描系统沿着 y 轴行进时，激光作为激发光源持续照亮物体表面，工业相机便根据系统设置，固定间隔采集横断面曲线数据。将所有的横断面曲线数据沿着 y 轴依次拼接起来便形成了被扫描物体表面的三维信息，即完成了三维扫描的全过程。三维图像可表示为：

$$\text{三维图像} = \int g(2D\ \text{横断面曲线})\mathrm{d}y \tag{2-5}$$

式中，y 为检测车行进的方向；$g(\cdot)$是关于行进速度、相机标定和系统具体设置的函数。

2.3 公路路面三维检测系统总体设计

本书基于激光三角成像原理，选用成熟的工业产品，以检测车为搭载设备，进行公路路面三维检测系统的总体设计与集成研究。按照研发过程的先后顺序，公路路面三维检测系统的研发可以划分为三个阶段，即路面三维数据采集与存储、路面病害自动识别、公路状况评定程序。系统总体设计与功能如图 2-13 所示。

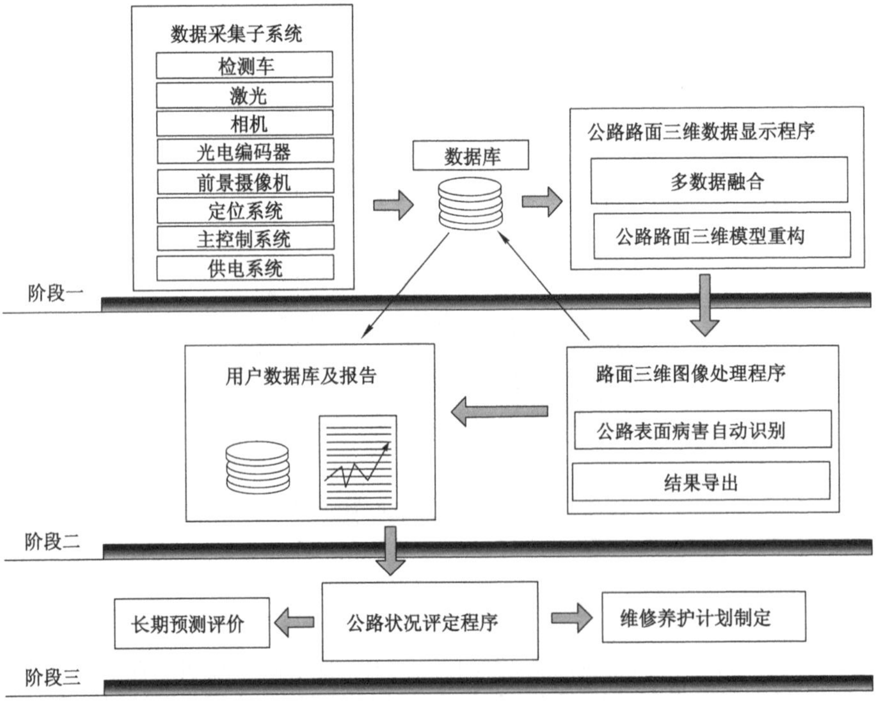

图 2-13　公路路面三维检测系统总体设计与功能

阶段一：公路路面病害识别系统的硬件以及相应配套程序负责路面三维数据采集。以公路路面病害为检测对象，集成高性能激光发射器、高速工业相机、摄像机、GPS 定位系统、距离测量仪等硬件系统，以检测车为载体，实现多传感器的硬件系统集成。并研发主控制机箱，编写数据采集程序，实现公路路面三维数据实时高精度采集。将路面三维数据、GPS数据和距离测量仪脉冲数据实时存储在数据库中。以高精度路面三维数据为基础，编写公路路面三维数据显示程序。该程序还需要融合GPS定位数据、前景图像数据、距离测量仪脉冲数据，实现路面三维信息重构。

阶段二：以公路路面三维模型和原始采集数据为基础，开发公路表面病害自动识别程序，该程序的主要功能为路面裂缝的自动识别与结果导出。该程序内添加裂缝自动识别算法，其主要功能是实现路面裂缝信息的提取，并计算裂缝长度、宽度及影响面积。导出结果并添加到原始数据库中，最终形成用户数据库及报告。

阶段三：以用户数据库和阶段二导出的病害自动识别结果为依据，进行公路路面技术状况评定，进而制订养护维修方案。经过长时间的数据积累，还可以进行路面性能预测。

为满足组装方便和性能稳定要求，采用检测车为搭载设备，对车内布置进行改造，加装系统机柜、电脑座以及显示器等系统工作辅助设备。车辆改装原则为：在不影响行车安全的前提下，以实现功能为最终目的，兼顾内饰美观与系统操作人员的舒适感。为实现系统持久稳定供电，采用高性能车载不间断电源（uninterruptible power supply，UPS）为所有的加装传感器与车载电脑供电。

2.4 公路路面三维检测系统硬件集成

公路路面三维检测系统通过车载式高性能工业相机实时获取路面三维信息，利用数字图像处理技术和模式识别技术等分析路面病害信息，从而实现对路面病害的自动化调查。为保证检测系统在运行过程中能够稳定采集到高精度的路面三维数据，并保证多传感器之间稳定、高效地协同工作，应采用合适的硬件平台与集成机制。根据各个传感器的输入与输出端口的特点，以及供电方式的不同，设计系统集成方案，如图2-14所示。

整个硬件系统的设计遵循以下原则：

(1) 各个传感器具有系统所需的功能；

(2) 供电系统安全，加装漏电保护装置；

(3) 加装到车厢外部的传感器不影响行车安全；

(4) 各个传感器具有一定的抗干扰性能以及适应特定的工作环境，如高温、高湿等环境；

(5) 各个传感器自身能稳定工作；

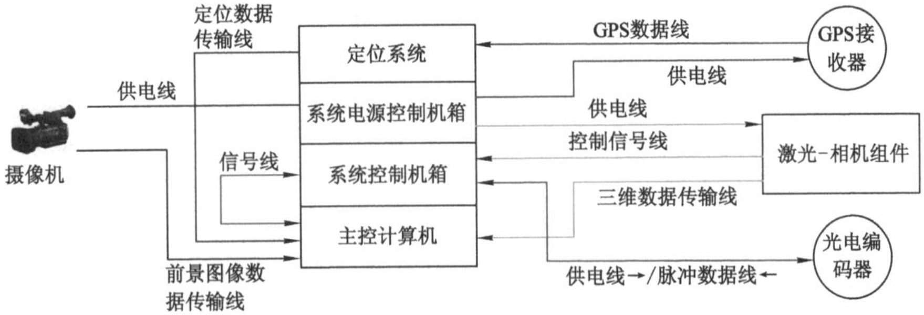

图 2-14　公路路面三维检测系统集成示意图

(6) 各个传感器之间能稳定地协同工作；

(7) 承载结构设计合理、简单，以及易于实现；

(8) 整个硬件系统便于拆卸和后续的升级改造；

(9) 车厢外部加装设备美观；

(10) 车厢内部加装设备的布局合理且便于操作。

下面分别介绍公路路面三维检测系统中各个硬件子模块的传感器选择和集成机制。

2.4.1　激光-相机组件

在公路路面三维检测系统中，共采用两组激光-相机组件，分别位于检测车后部左右两侧，如图 2-15 所示。由于采用直射式光路，激光发射器垂直于地面向下投射激光线。两个激光-相机组件分别负责左右各 2 m 宽度的路面扫描。激光器中心线与相机中轴的夹角为 13°(图 2-16)。

图 2-15　激光-相机组件

采用线激光作为激发光源的三维扫描系统中，扫描精度主要取决于对每条激光亮线中心的定位精度[95]。激光的选取应满足激光光线强度均匀、反射光强度高、激光散斑少等条件，还要具有稳定性强、方向性强、抗干扰性能强、功耗低

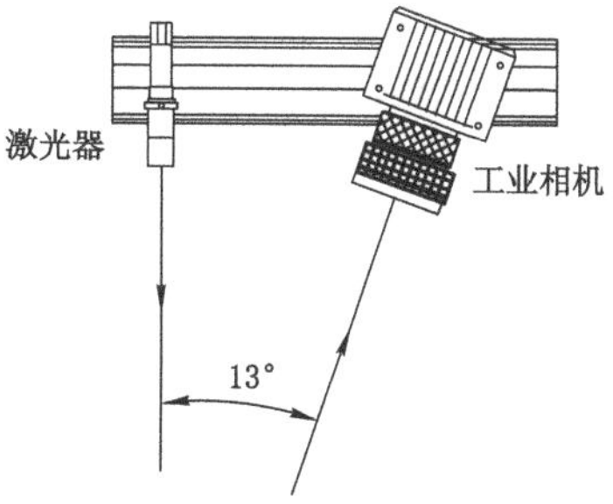

图 2-16　激光-相机组件相对几何位置关系

等特点。在实际应用中，由于检测系统工作距离的差异，还要求激光具有变焦的功能。

工业相机作为 3D 数据的产生端，在公路路面三维检测系统中是最重要的传感器之一。成熟的工业相机具有高度集成化的特性，通过内部处理器和内置的算法，高速、高精度地读取激光线三维数据，并经由千兆以太网接口传输给主控电脑进行数据存储。互补金属氧化物半导体（complementary metal-oxide-semiconductor，CMOS）是常被工业相机采用的一种低成本感光元件（图 2-17）。其内部主要元件为一种典型的固体成像传感器，包括行驱动器、列驱动器、A/D 转换器、数据总线输出接口、控制接口等。其内置芯片具有一定的计算功能。工作过程一般包括复位、光电转换、积分、数据读出。当 CMOS 相机接受来自物体表面的反射激光光子后，感光单元产生光电流，使电容上存储的电荷放电，经过固定时间间隔（即曝光时间）后，电容上存留的电荷量与光照成正比。这时便可将一幅图像摄入敏感元件阵列之中。逐个读取各像素中电容上存储的电荷电压，进而实现了激光信号向电信号转换的过程。再经过相机内置算法将电信号数字化，传输给电脑进行存储。

图 2-17　互补金属氧化物半导体（CMOS）

每条激光线投射在被扫描物体表面，激光反射光被相机 CMOS 感光单元阵列上的感光区域捕获。激光光子在感光元件阵列上呈条状分布，如图 2-18 所示。CMOS 相机内置算法采用重心模型(center of gravity mode，COG)对每条激光线进行提取，即计算激光强度重心沿感光单元阵列的坐标位置 P_{COG}。

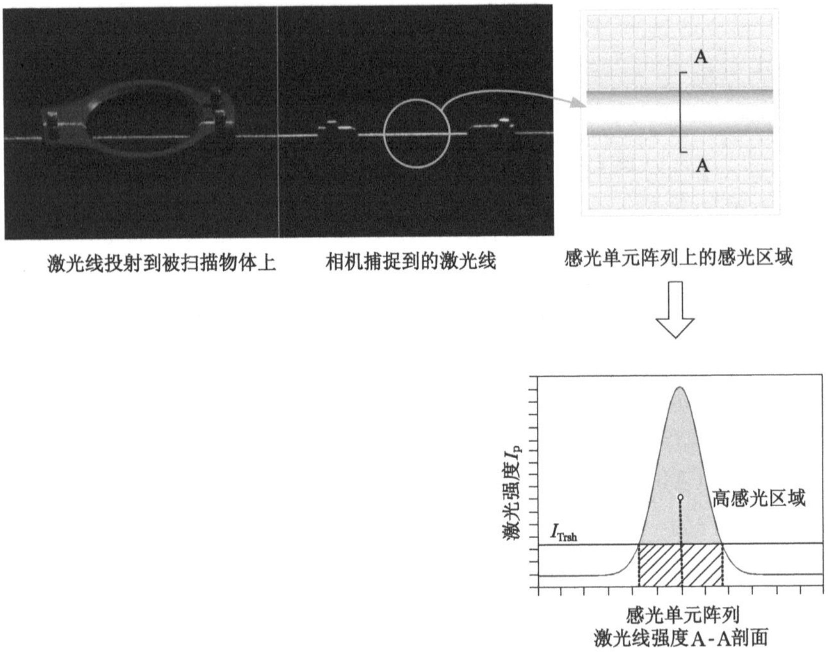

图 2-18　CMOS 相机激光坐标提取模型

CMOS 相机内置算法首先设置激光强度阈值 I_{Trsh}，用以区分高感光区域与非高感光区域。在高感光区域内，计算位置坐标 P_{COG}：

$$I_s = \sum I_p \tag{2-6}$$

$$M_s = \sum I_p \cdot P \tag{2-7}$$

$$P_{COG} = P_L + M_s / I_s \tag{2-8}$$

式中　I_p——激光强度；

M_s——高感光区域内激光强度一阶矩；

P_L——高感光区域起始坐标；

P_{COG}——激光强度重心坐标。

本研究采用的相机参数见表 2-1。

表 2-1　相机参数

参数	值
最大光学响应	0.29 A/(W·nm)@665nm
分辨率	2 048×1 088
像素尺寸	5.5 μm×5.5 μm
最大帧率(满帧时)	340 fps

公路路面三维检测系统中集成的工业相机在水平方向上共有 2 048 个像素点。相机采用外触发式进行数据采集，触发信号来自光电解码器的脉冲信号。每当相机接收到脉冲信号时就会将一条路面三维激光线记录下来，并通过千兆以太网卡传输给工控机。当 2 048 条线采集完成后，一帧 2 048×2 048 的图像就传输给工控机，并由工控机对存入的数据进行处理，具体流程如图 2-19 所示。

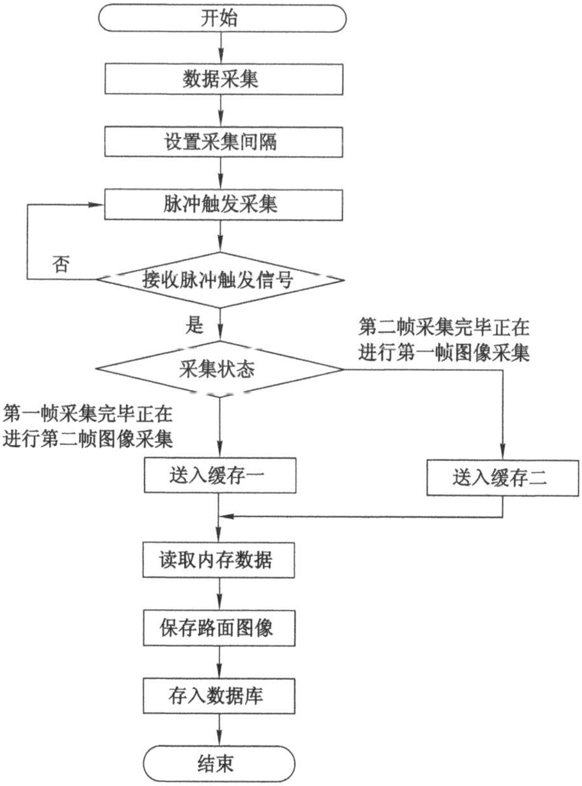

图 2-19　相机图像采集流程图

激光、相机以及相应配件封装起来组成激光-相机组件，按照系统设计要求安装在检测车的后部。当开始采集路面三维数据时，开启激光与相机，接收到来自主控计算机以及系统主控机箱发出的指令后，相机处于待命状态。此时启动检测车，位于车轮上的光电编码器便发出脉冲信号。相机接收到该信号后便开始读取路面三维数据。

2.4.2 光电编码器

在各种控制系统中，可靠的精确位置反馈信息对于系统的控制和数据里程定位起着至关重要的作用。在获取里程定位信息方面，当前首选的传感器是光电编码器[96]。光电编码器利用光栅和码盘的相对位移产生莫尔条纹信号，同时通过光电转换、数字信号处理等技术将角位移转换成数字信号输出。光电编码器不仅精度高、响应频率高、抗干扰能力强，还具有体积小、结构简单等优点。由于光电编码器能够很好地满足测量精度和速度的要求，因此广泛应用于工业、航天以及自动化控制等领域[97-98]。

光电编码器与检测车后轮同轴安装（图 2-20），与整个系统的集成方式如图 2-21 所示。当检测车行进时，编码器内光栅盘随之转动，在公路路面检测系统中的作用是为工业相机提供脉冲信号。光电编码器与整个公路三维检测系统的接线方式如图 2-14 所示。

图 2-20　光电编码器安装

增量式光电编码器为一种常用编码器，其特点是每产生一个输出脉冲信号就对应一个增量位移。其主要构成为光源、码盘、检测光栅、光电检测器件和转换电路，如图 2-22 所示。增量式光电编码器能够产生与位移增量等值的脉冲信号，其作用是将连续位移变量进行离散化或增量化，是一种位移变化的传感方法。增量式光电编码器可以同时输出 A、B 两相互差 90°电度角的脉冲信号（即两组正交输出信号），用来判断编码器的旋转方向。旋转码盘上刻有节距相等的

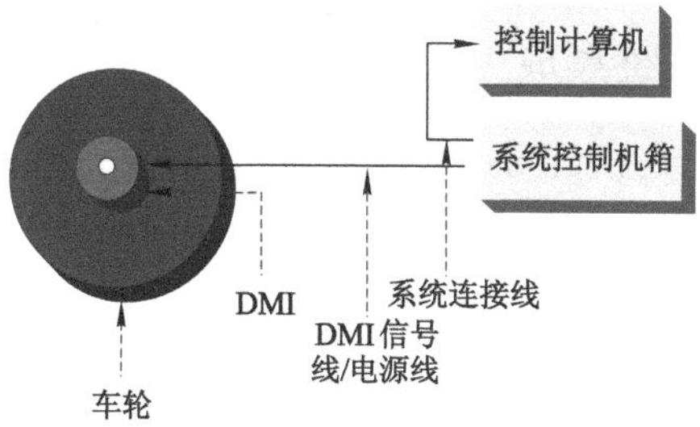

图 2-21　光电编码器与系统集成线路图

辐射状透光缝隙，光源在相邻两个透光缝隙之间穿过的时间代表一个增量周期。同时还发送参考零位的 Z 相标志脉冲信号，码盘旋转一周，只发出一个标志信号。标志脉冲用来指示机械位置或对积累量清零。A、B、Z 相脉冲信号如图 2-23 所示。

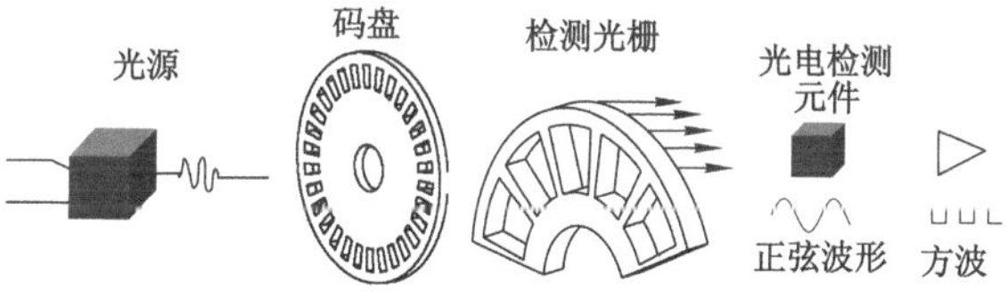

图 2-22　增量式光电编码器内部构成

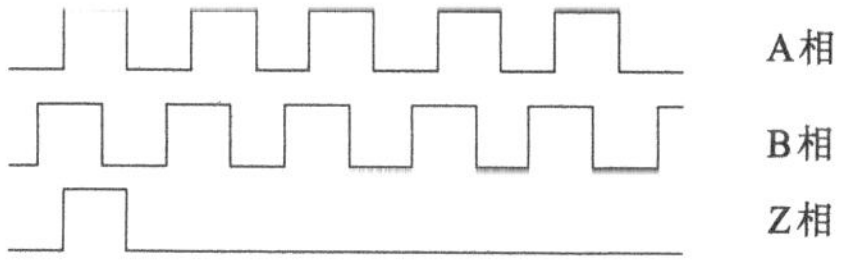

图 2-23　增量式光电编码器输出信号波形

当码盘随着车轮轴转动时，检测光栅相对码盘中轴线静止不动，光线透过码盘和检测光栅上的缝隙照射到光电检测元件上。光电检测元件输出两组相位差 90°电度角的近似正弦波的电信号。电信号经过转换电路的信号处理，可以得到被测轴的转角或速度信息，以及整个系统中需要的脉冲信号。

系统控制机箱接收光电编码器发出的信号波，经过处理后，该信号波转化为激光-相机组件可以识别的控制信号，并将该控制信号同时发送给两侧激光-相机组件。这样可以实现多组激光-相机组件有序、协同工作。与此同时，系统控制机箱通过系统连接线向控制计算机发送光电编码器的信号波信息，控制计算机将每个信号波以数字信号的形式写入数据库中。

2.4.3 GPS定位系统集成

GPS即全球定位系统(global positioning system),由覆盖全球的24颗卫星和用户端接收器组成。这个系统可以保证在任意时刻、任意一点用户端GPS信号接收器都可以同时接收到至少4颗卫星的定位数据,以保证观测点的经度、纬度和高度数据的采集,如图2-24所示,具有导航、定位、测速等功能。GPS定位的基本原理是根据高速运动的卫星的瞬间位置作为已知的起算数据,采用空间距离后方交会的方法,确定待测点的位置。

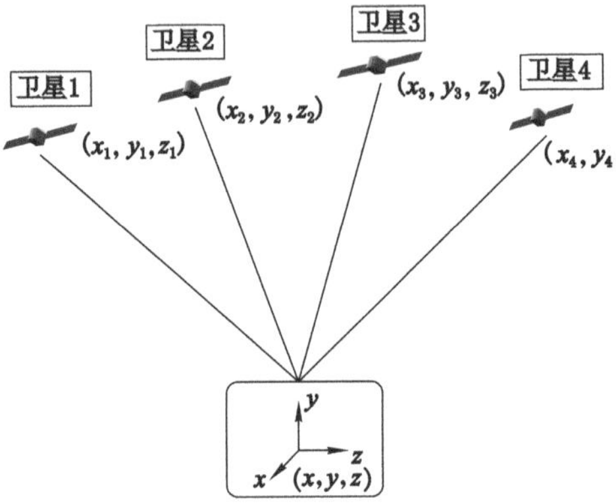

图2-24 GPS定位系统原理示意图

假设t时刻在地面待测点上安装GPS接收器,可以测定GPS信号到达接收器的时间Δt,再加上接收器所接收到的卫星星历等其他数据可以确定以下位置方程:

$$\begin{cases}[(x_1-x)^2+(y_1-y)^2+(z_1-z)^2]^{1/2}+c(v_{t_1}-v_{t_0})=d_1\\ [(x_2-x)^2+(y_2-y)^2+(z_2-z)^2]^{1/2}+c(v_{t_2}-v_{t_0})=d_2\\ [(x_3-x)^2+(y_3-y)^2+(z_3-z)^2]^{1/2}+c(v_{t_3}-v_{t_0})=d_3\\ [(x_4-x)^2+(y_4-y)^2+(z_4-z)^2]^{1/2}+c(v_{t_4}-v_{t_0})=d_4\end{cases} \tag{2-9}$$

式中 x,y,z——待测点坐标;

v_{t_0}——接收机的钟差;

$d_i(i=1,2,3,4)$——卫星i到接收器之间的距离;

x_i,y_i,z_i——卫星i在t时刻的空间直角坐标;

v_{ti}——卫星钟的钟差;

c——电磁波波速。

由以上4个方程便可以求出待测点的位置坐标(x,y,z)。

本次研究采用 AgLeader 6000 GPS 接收器，该接收器集成了高性能的 GPS 卫星信号接收装置，不仅能够接收来自卫星的定位信号，还能接收来自附近基站的差分定位信号，能够精准定位。GPS 接收器的信号刷新率为 10 Hz。GPS 接收器采用密封的、坚固的防水外壳，因此可以将其安装在检测车的顶部。GPS 接收器与检测系统的集成方式如图 2-25 所示。

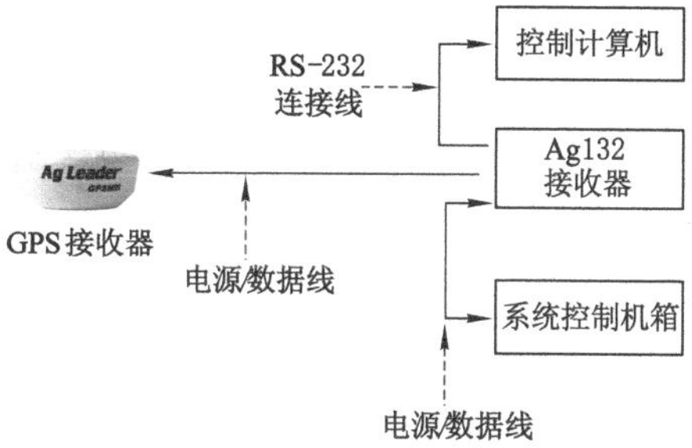

图 2-25　GPS 接收器与检测系统的集成图

GPS 接收器通过一根电源/数据线连接到车内的 Ag132 接收器，Ag132 接收器能够接收 GPS 信号，同时为 GPS 接收器提供电源。当 Ag132 接收器接收到 GPS 信号后，经过数据计算与合成，然后得到当前的定位数据，并将该数据通过 RS-232 传输给控制计算机。为了实现 Ag132 接收器与轨道检查系统的兼容，Ag132 接收器参数值的设置应满足表 2-2 的要求。

表 2-2　Ag132 接收器的参数设置

项目	参数值
波特率	115 200 symbol/s
输入端口	TSIP
输出端口	NMEA

2.4.4　行车记录摄像机

利用高性能的松下 HPX170 摄像机采集高清的行车前景图像。行车记录摄像机的集成方式如图 2-26 所示。系统控制机箱为摄像机提供电源，摄像机采集到的图像数据传输给控制计算机进行保存。

松下 HPX170 摄像机是一款市面上常用的摄像设备，具有强大的摄像、录音功能。但是对于公路路面三维检测系统，其功能是固定间距地记录行车方向上的图像信息，因此摄像机关键参数应满足系统兼容性的需求。表 2-3 列出了

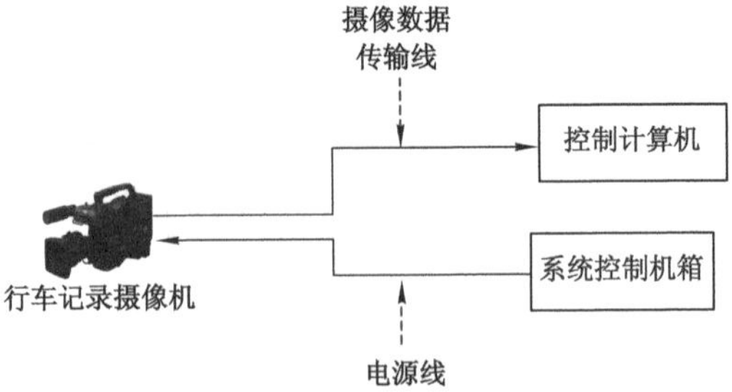

图 2-26　行车记录摄像机的集成方式

摄像机的关键参数和性能设置。

表 2-3　摄像机的关键参数

项目	参数值或性能设置
快门速度	0.001 s
过滤器	52 mm
聚焦	自动聚焦

2.4.5　公路路面三维检测系统的控制系统集成

控制计算机、系统控制机箱和系统供电系统共同组成了检测系统的核心。三者将所有的传感器与元器件连接到一起，具体的连接方式如图 2-27 所示。控制计算机是系统每条命令的发出点，也是数据回收的存储点。本系统的控制计算机采用酷睿 i7 处理器，主频 3.2 GHz，16 GB 内存。控制计算机通过软件程序完成激光-相机组件、GPS 接收器、DMI 等元器件的参数设置。

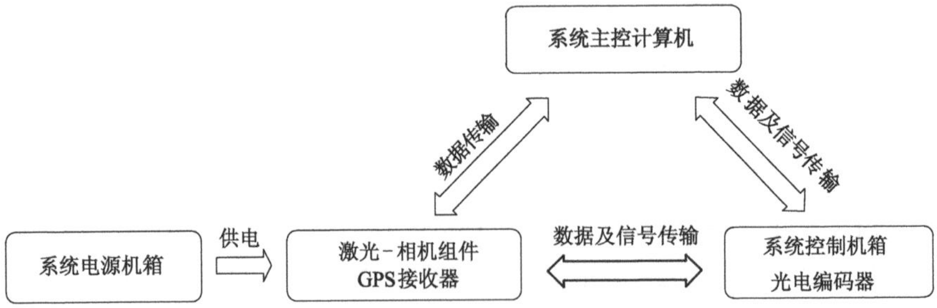

图 2-27　公路路面三维检测系统的控制系统组成

高性能计算机并行及协同技术是成功实施实时多任务高速并行采集技术的基础。高性能独立 CPU 应用于每一个独立采集模块(如激光-相机组件、光电编码器、GPS 等)，以保证各个独立采集子系统之间相互不干扰。而对于信号监视模块和数据合成模块，既要考虑时间上的异步性，又要考虑时间上的同步性，因此采用多核 CPU 来进行监视、记录与合成，如图 2-28 所示。对于合成后的数据预处理，采用多个计算能力高达每秒 10^{13} 次浮点运算的高性能 GPU 组来完成。

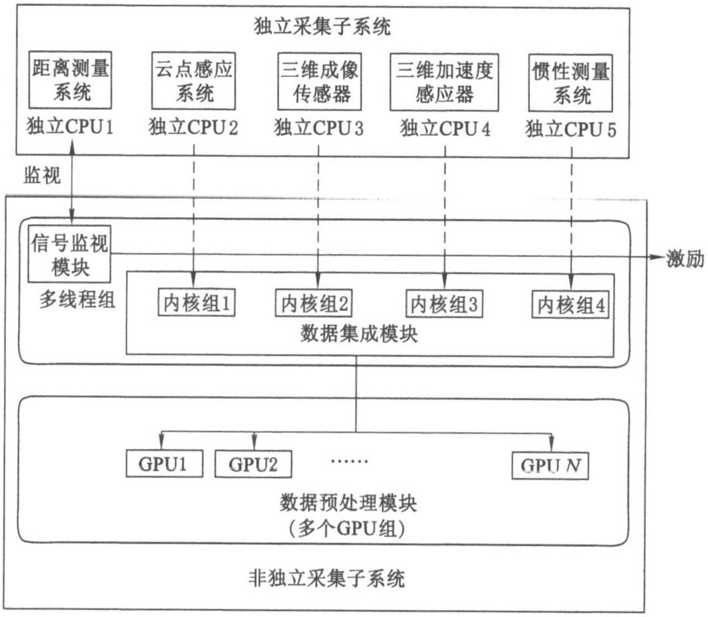

图 2-28　超高速数据采集控制系统集成机制

2.5　本章小结

本章系统地介绍了三维激光检测技术及其在现代工业中的应用，为公路路面三维检测系统的设计与研发提供了依据。详细阐明了激光三维扫描的原理，为路面三维检测系统的设计与研发提供了理论基础。完成了公路路面三维检测系统的总体设计，从硬件集成到最终路面性能评价出发，介绍了 3 个不同研发阶段的研究内容。系统地介绍了公路路面三维检测系统的各部分硬件组成及集成机制，重点阐明了各个传感器之间和各个传感器与主控系统之间的数据传输过程。采用高性能的计算机及 CPU 并行运算技术，实现了检测系统的数据高效传递与存储，为公路路面三维图像裂缝特征信息的提取提供了数据。

第3章　路面三维图像预处理

3.1　引言

数字图像中噪声主要来源于图像的获取和(或)传输过程。成像系统的性能受多种因素影响,如获取过程中的环境条件和传感器自身的工作状态。本研究所采用的路面三维图像在相机成像及数据传输、压缩与存储的过程中,由于受到成像系统工作状态、车体振动等因素的干扰,图像的视觉效果与三维图像质量受到一定的影响,进而增大了图像处理的难度。造成路面三维图像质量降低的原因还有很多,例如,工业相机感光元件不同感光阵列对激光响应不一致;激光器发射的线激光强度沿横向分布不均匀,通常线激光中间光强度高,两侧光强度低;被测路面少量积水对激光形成了镜面反射,引发感光阵列误读高程信息;当被测路面面层采用花岗岩作为面层集料时,易对激光造成镜面反射,也可以引发感光阵列误读高程信息。有时是上述因素共同影响所致。因此很难通过理论计算或简单的统计方法来量化各个因素对路面三维图像质量的影响程度。当进行检测时,通常由有经验的系统操作员预先检查并调试检测系统,并选择合适的数据采集时机,以尽量降低各种因素对路面三维图像质量的影响。一般的检测算法都将增强路面图像质量作为重要的预处理步骤[99-100]。

图像增强的首要目标是采用一系列图像处理方法,使其比原始图像更适用于特定的应用。这里的“特定的应用”是指人眼视觉感受或机器视觉的需求,即图像增强技术所面对的问题。图像增强的方法可以分为两类:空间域方法和频域方法。直方图均衡化、图像锐化、同态滤波等均为常用的图像增强技术。

尽管诸多图像增强技术已经趋于成熟,但是这些方法大多数只适用于二维图像。因而针对承载深度信息的路面三维图像,应该探索有效的图像增强方法。本章根据路面三维图像的特点,以改善图像质量和增加裂缝信息为目的,采用混合图像增强技术处理路面三维图像,消除路面三维图像的阶跃现象,消除大多数孤立噪声,并调整图像动态范围,进而为提高裂缝自动识别准确率奠定基础。

3.2　路面图像处理中常用的降噪算法

图像降噪是路面图像处理的第一步，属于图像预处理范畴，其主要目的是提高图像质量，降低噪声对整体算法的影响。图像降噪效果直接影响后续的图像分割、裂缝提取与分类等图像处理算法。空间域降噪和频域降噪是目前常用的两种降噪算法。

3.2.1　空间域降噪算法

空间域滤波降噪算法是通过图像信息与滤波函数进行卷积来实现的，这个过程很多情况下可利用不同的模板处理。中值滤波[101-102]是统计滤波器的一种，也是简单的非线性空间滤波器。它的响应基于图像滤波器包围的图像区域中像素的排序，然后用统计排序结果决定的像素中值代替中心像素值。假设坐标(x,y)的灰度值为$f(x,y)$，M为当前像素点(x,y)的$K \times K$窗口领域所有像素点的集合，滤波后将求得的中值赋予$g(x,y)$：

$$g(x,y)=\mathrm{med}(f(x,y)) \quad [(x,y)\in M] \tag{3-1}$$

式中　med(·)——取中值操作。

均值滤波[103]也是一种常用的滤波器，其响应为图像滤波器包围的图像区域的均值。均值滤波与中值滤波的不同之处在于滤波后的像素值$g(x,y)$为：

$$g(x,y)-\frac{1}{N}\sum_{i=1}^{N} f(x,y) \quad [(x,y)\in M] \tag{3-2}$$

式中　N——M中像素个数。

窗口大小的选取会严重影响滤波效果。若窗口太小，达不到预期的平滑造影效果；若窗口太大，不仅会降低计算机运算速度，还会破坏图像中的细小裂缝信息，如图 3-1 所示。观察滤波后的图像可以发现：尽管原图像中的孤立噪声得到了有效清除，但是与此同时图像中的细微信息（如微小裂缝）遭受破坏。

在图像处理领域，中值滤波与均值滤波应用广泛，简单易行，对椒盐噪声和脉冲噪声有较好的抑制效果，但是不能有效滤除路面图像中的多种噪声[91,104]，并且还会造成细微裂缝信息的丢失。在传统滤波算法的基础上，诸多学者提出了改进的滤波算法，如自适应中值滤波算法[105]、递归中值滤波算法[106]、加权领域滤波算法等。但是这些滤波算法仍然无法消除路面纹理的影响，并且无法避免破坏路面图像中的高频细节信息。

3.2.2　变换域降噪算法

基于变换域的图像降噪算法：首先将图像由空间域变换到其他域，然后利用

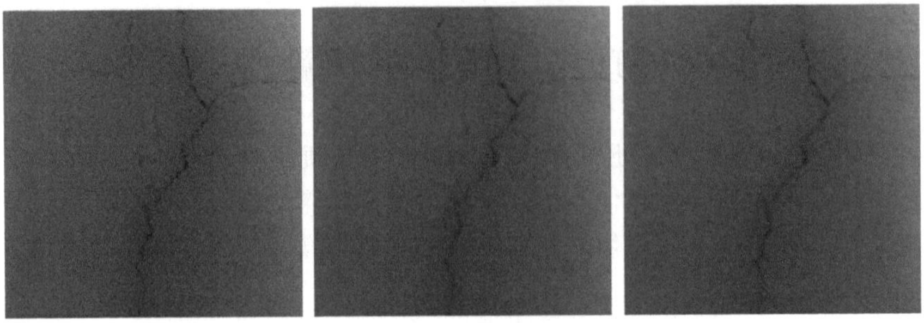

(a) 原图像　　(b) 中值滤波图像(K=5)　　(c) 均值滤波图像(K=5)

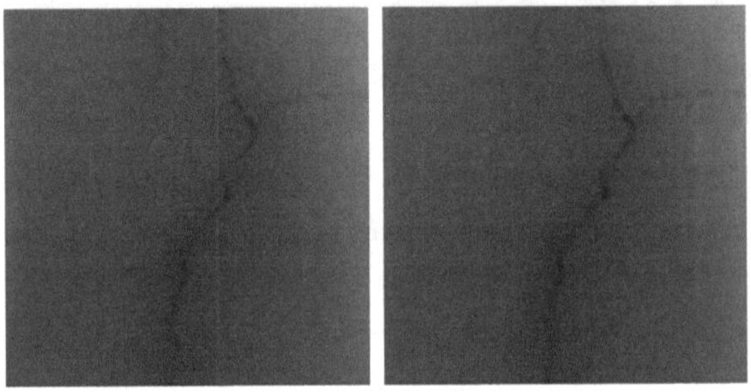

(d) 中值滤波图像(K=9)　　(e) 均值滤波图像(K=9)

图 3-1　路面图像降噪

变换域的固有性质对变换系数进行降噪处理，最后进行逆变重构图像，常用的变换域为频域变换。具体过程如图 3-2 所示，图中频域变换的数学表达式为：

$$g(x,y) = W^{-1}\{T(f(x,y))\} \tag{3-3}$$

式中　$f(x,y)$——原图像；

$T(\cdot)$——频域变换；

$W^{-1}\{\cdot\}$——频域反变换。

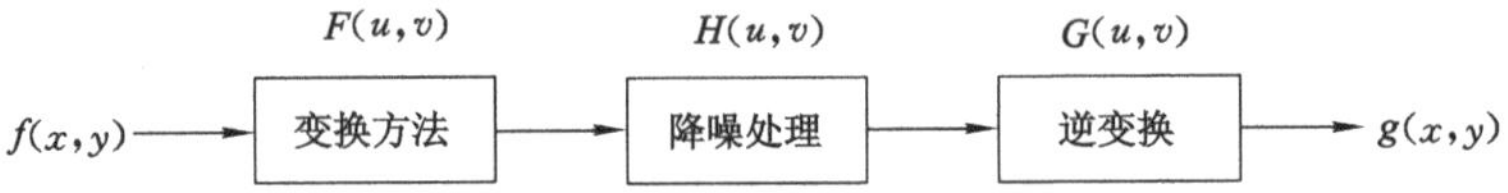

图 3-2　图像频域降噪处理过程

常用的变换域降噪算法有傅立叶变换、小波变换[107]、多尺度几何变换等。傅立叶变换是将时域信号表示为一系列正弦和余弦的叠加形式。对于二维图像，在时空域与频域之间实现提取和分析图像信息的目标。由于噪声在频域内属于高频信息，通过一个低频滤波器可实现对高频分量抑制，进而达到降噪的目的，但是往往会造成对边缘信息的抑制。所以，基于傅立叶变换的降噪方法与传统的空间域降噪方法具有相同的缺点，即在降噪的同时不能很好地保护图像细节信息。

3.2.3 其他降噪算法

针对不同的路面检测系统的数据特点，众多学者提出了大量的图像增强算法。文献[108]首先采用常规的中值滤波和傅立叶变换消除图像中的明显噪声，然后应用部分重叠的直方图均衡法消除水泥路面不均匀背景所导致的噪声。但是该方法容易造成新的噪声污染，例如分块尺寸选取不当会加大图像背景的不均匀程度。文献[109]假设路面背景不均匀程度变化缓慢，基于背景建模方法，对路面图像不同区域的灰度平均值进行暗区域增亮，亮区域减暗。然而，这种算法对暗区域进行灰度补偿时，裂缝区域灰度值也随之改变，裂缝信息很容易被破坏。文献[110]将灰色理论应用到图像降噪算法中，取得了一定的效果。文献[47]应用数学形态学中的膨胀腐蚀算子抑制路面图像噪声，同时提取裂缝信息。

尽管诸多图像增强技术已经趋于成熟，但是这些方法大多数只适用于二维路面图像，因而针对承载深度信息的路面三维图像，应该探索有效的图像增强技术。根据路面三维图像的特点，以改善图像质量和增加裂缝信息为目的，采用混合图像增强技术处理路面三维图像，进而为提高裂缝自动检测和分类的准确率奠定基础。

3.3 路面三维图像预处理算法

在图像处理领域，数字图像实质上是一个取样和量化的结果。每幅路面三维图像本质上就是一个二维矩阵[式(3-4)]。假设 $f(x,y)$ 为一幅数字图像，则该图像有 M 行和 N 列，在坐标 (x,y) 处，$f(x,y)$ 为该点的量化值。矩阵中的每个元素称为图像单元、图像元素或像素。一般情况下，本书中均采用像素对其进行表达。

$$f(x,y)=\begin{bmatrix} f(0,0) & f(0,1) & \cdots & f(0,N-1) \\ f(1,0) & f(1,1) & \cdots & f(1,N-1) \\ \vdots & \vdots & & \vdots \\ f(M-1,0) & f(M-1,1) & \cdots & f(M-1,N-1) \end{bmatrix} \tag{3-4}$$

3.3.1 路面图像的特点

3.3.1.1 路面二维图像的特点

传统的路面二维图像和本书中的路面三维图像具有本质区别：前者表示每

个像素的灰度信息，后者表示像素的高度信息（路面图像的第三个维度），如图 3-3所示。通过观察可以发现路面二维图像的一些缺点：

（1）路面二维图像显示路面裂缝信息的同时显示了路面标志标线。

（2）由于受路面集料的强反光特性和环境光等因素的影响，路面二维图像受噪声干扰严重。

（3）由于数据采集系统的光照不均匀，导致路面二维图像亮度均衡性差（图像左半边亮度高于右半边）。

路面二维图像的缺点不同程度地给后续路面图像的处理带来不利，使病害识别算法准确率下降，进而影响病害的模式识别。

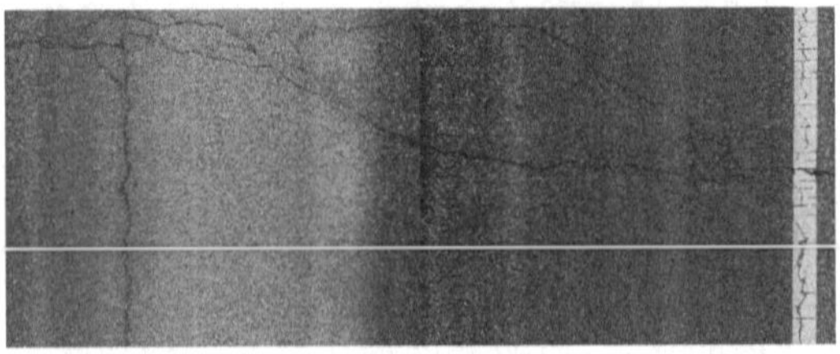

(a) 路面二维图像

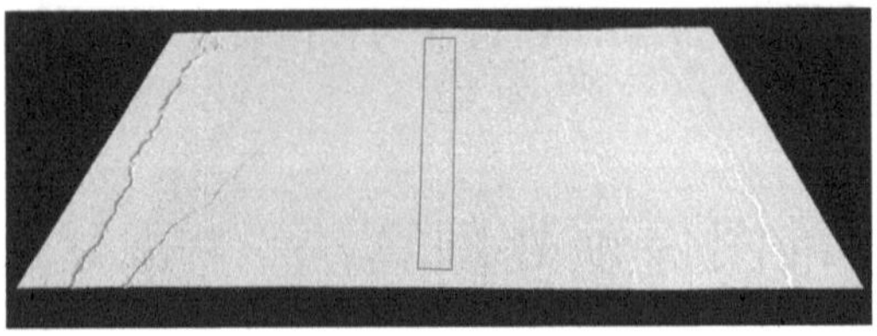

(b) 路面三维图像

图 3-3　路面图像

3.3.1.2　路面三维图像的特点

由于 DHDV 系统的成像原理、硬件设计、数据采集与合成等方面与传统的路面二维图像采集系统存在明显不同，因此路面三维图像具有以下特点：

（1）若将无破损的路面视为理想平面，那么裂缝处的高度值明显低于其附近非裂缝区域的高度值。

（2）在路面三维图像中，裂缝一般表现为具有方向性的狭长区域，而且裂缝的像素数量相对于非裂缝区域少得多。

（3）由于采用激光三维成像原理，DHDV 采集的数据的本质是路面的三维信息。因此，路面三维图像可以准确表达裂缝区域与非裂缝区域的相对深度信息。

(4) 微小裂缝信息表达得更清晰。

(5) 图像质量高,信噪比高,噪声含量少。

(6) DHDV 在收集路面三维数据时,由两套相对独立的激光-相机线扫描成像系统分别采集左、右半幅图像,然后拼接成一整幅路面三维图像。在垂直于行车方向的平面上,左侧激光线覆盖像素范围为:0～2 047;右侧激光线覆盖像素范围为 2 048～4 095。因此,拼接后的路面三维图像在中线衔接区域存在明显的阶跃,如图 3-3 所示。路面三维图像中线处的阶跃会影响图像整体的显示效果,与路面空间连续的客观事实不相符。更关键的是,中线处的阶跃不仅增大了图像整体动态范围,还可能导致裂缝识别算法在该区域发生误判。

(7) 路面三维采集过程中,检测系统会随着车体产生一定的颠簸,改变了激光-相机成像系统的姿态,进而对路面三维图像质量产生影响,如图 3-4 所示。为突出该特点,选取尺寸为 512 mm×512 mm 的路面三维图像进行网格化显示。车体颠簸导致图像整体动态范围增大,对后续图像病害识别造成困难与干扰。因此,要在不降低图像信噪比的前提下缩小图像动态范围,需要将车体颠簸的影响消除。

图 3-4　路面三维图像网格化视图

鉴于路面三维图像的特点,提出了一套完整的路面三维图像增强算法,流程如图 3-5 所示。该算法有三个关键步骤:(1) 阶跃消除;(2) 强点状噪声去除;(3) 图像动态范围调整。

3.3.2　阶跃消除

一般情况下路面三维图像在三个维度上应具有连续性,相邻像素点应平缓过渡。如前所述,路面三维图像在拼接处存在阶跃,为了还原路面三维图像的真实性,需要消除该阶跃。路面三维图像的阶跃在数据上表现为:左半幅图像的深度值的平均值明显低于(或高于)右半幅图像的深度值的平均值。

图 3-6 为一张路面三维图像的某一条横断面曲线,该曲线的像素坐标为 0～2 047 范围内的深度值的平均值,明显低于像素坐标为 2 048～4 097 范围内的

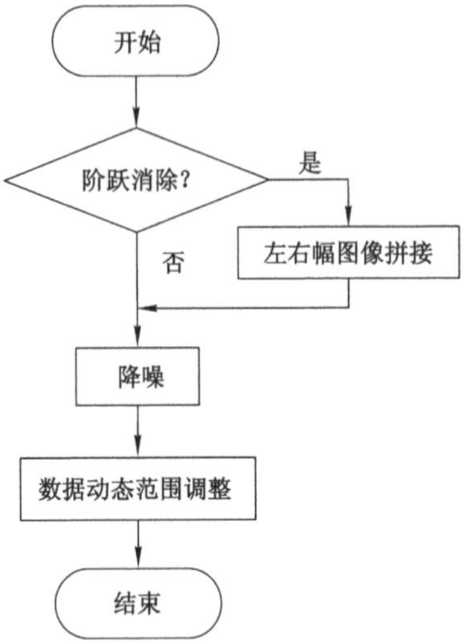

图 3-5　路面三维图像增强算法流程

深度值的平均值。

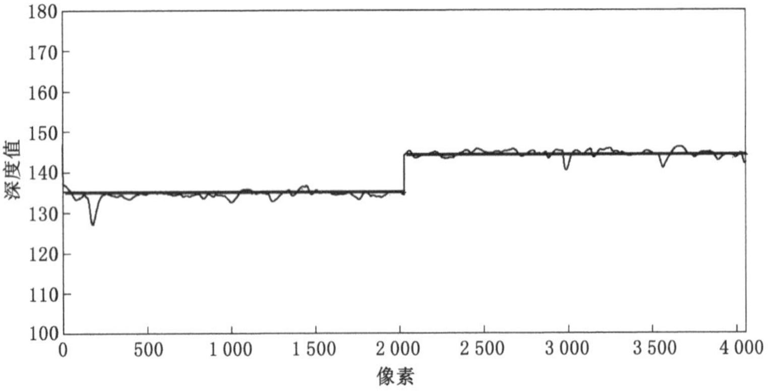

图 3-6　左右半幅图像阶跃明显

进行路面三维图像增强时，首先判定该图像是否存在阶跃现象。分别计算图像第 2 047 列左侧与右侧所有像素的深度值的平均值：

$$I_{\mathrm{L}} = \frac{1}{2\ 048^2}\sum_{i=0}^{2\ 047}\sum_{j=0}^{2\ 047} I(i,j) \tag{3-5}$$

$$I_{\mathrm{R}} = \frac{1}{2\ 048^2}\sum_{i=2\ 048}^{4\ 097}\sum_{j=2\ 048}^{4\ 097} I(i,j) \tag{3-6}$$

$$\Delta = |I_L - I_R| \tag{3-7}$$

式中　$I(i,j)$——像素(i,j)的深度值；

I_L——左半幅图像的深度平均值；

I_R——右半幅图像的深度平均值；

Δ——左右半幅图像的深度平均值的绝对值。

考虑到路面坑槽、车辙、横坡（坡度一般为 1.5%～3%）以及其他随机因素的影响，I_L不可能完全等于I_R，因此设置Δ_T作为判定条件。当Δ大于Δ_T时，认为该图像阶跃显著，应对图像进行如下操作：

$$I'(i,j) = \begin{cases} I(i,j) + \Delta & (\Delta \geqslant \Delta_T, i,j \in N) \\ I(i,j) & (\text{其他}) \end{cases} \tag{3-8}$$

式中　N——较低深度平均值的半幅图像像素集合。

通过对比试验，当Δ_T设置为 5 时，能有效消除图像中的显著阶跃，图 3-7 为效果展示。

(a) 阶跃明显的路面二维图像

(b) 阶跃消除后的路面三维图像

图 3-7　路面三维图像阶跃消除

总体而言，阶跃消除算法主要有两步：

(1) 计算左右半幅图像的深度平均值，然后判断深度平均值差的绝对值是否大于阈值；

(2) 基于上一步的判定结果，提升深度平均值较低的半幅图像。

经过阶跃消除算法处理后的路面三维图像，左右半幅较完整地拼接在一起，原有的图像阶跃被消除。由于使用的算法属于线性运算，在消除阶跃的同时能够完整地保留原有的裂缝信息。

3.3.3 强点状噪声去除

路面三维图像在获取或传输过程中会遭到噪声的污染，具体表现为噪声点具有较高或较低的像素值。噪声的存在不仅影响图像的直观效果，使图像质量降低，还会影响后续裂缝识别算法的准确率。针对路面三维图像信噪比高、噪声少等特点，在文献[111]所述降噪方法的基础上对路面三维图像进行降噪。

首先根据式(3-9)生成二维高斯卷积核。

$$G(x,y)=\frac{1}{2\pi\sigma^2}e^{-(x^2+y^2)/(2\sigma^2)} \tag{3-9}$$

式中 σ——标准差。

然后将路面三维图像与高斯卷积核进行卷积运算，并判断每个像素是否为噪声。

$$I''(i,j)=\begin{cases}R(i,j) & (|I'(i,j)-R(i,j)|\geqslant T)\\ I'(i,j) & (\text{其他})\end{cases} \tag{3-10}$$

式中 $I'(i,j)$——阶跃消除的图像；

$R(i,j)$——(i,j)处的详实值；

$I''(i,j)$——$I(i,j)$与二维高斯卷积的卷积结果；

T——噪声判断阈值。

为完整地保留路面三维图像中的信息，噪声判断阈值设置为 5，并采用尺寸为 5×5、σ 为 5 的二维高斯卷积核。通过对比降噪前后的路面三维图像发现图 3-8 中圈内的噪声已经被移除。

基于路面三维图像的噪声特点提出了消除少量孤立噪声的算法。该算法能完整地保留路面三维图像原有的裂缝信息，并消除噪声的不利影响。

3.3.4 图像动态范围调整

动态范围(dynamic range，DR)一般是指测量亮度的最大值与最小值之比，但是在不同的领域有不同的表达方式，例如在自然场景中，动态范围为最亮场景的亮度值与最暗场景的亮度值之比。在数字图像处理领域，动态范围为像素最大值与最小值之比。而在摄像机、相机成像系统中决定图像动态范围的关键是图像传感器，现有的图像传感器主要有电荷耦合元件(charge-coupled device，CCD)和金属氧化半导体元件(complementary metal oxide semiconductor，CMOS)。

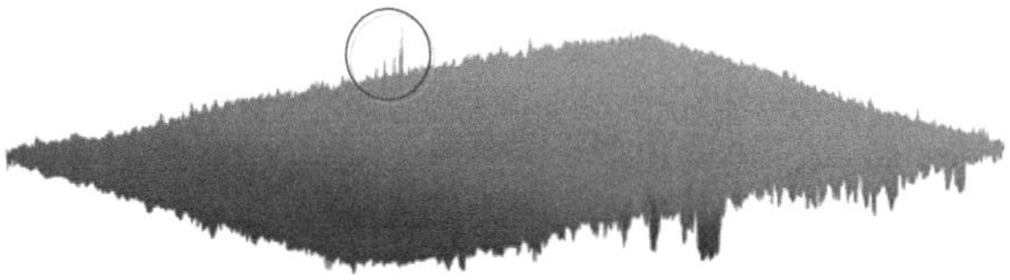

(a) 原图像

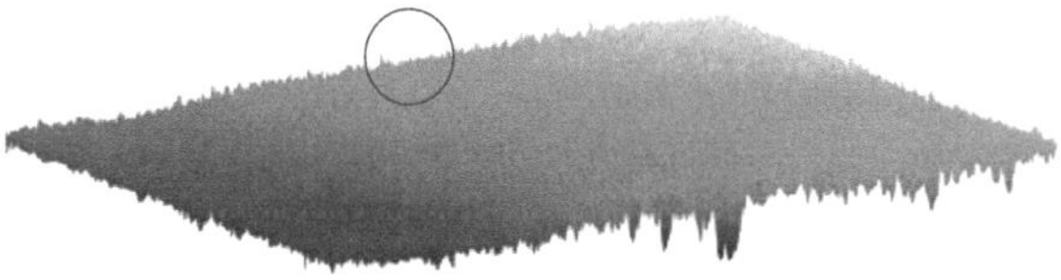

(b) 降噪后的图像

图 3-8　图像降噪效果对比

图像传感器的动态范围定义为最大非饱和信号与在黑暗条件下噪声的比值，单位为分贝(dB)，它是衡量图像传感器品质的关键指标。在图像传感器中，要得到更宽的动态范围就要增大每个感光像素的尺寸，而要提高空间分辨率，却要减小感光像素的尺寸，因而获得高动态范围图像与提高空间分辨率是相互矛盾的。本研究在收集路面三维数据时预先设置激光-相机组件的内部参数，以及进行高度标定。

理想情况下，每帧路面三维数据应具有相同的动态范围，但是由于受到检测车的车体振动和车辙因素的影响，每帧图像动态范围和像素均值存在一定的差异。随机选取 12 帧路面三维图像，进行像素值分布统计(传统数字图像处理称为灰度直方图)，如图 3-9 所示。

观察发现动态范围差异较大，这会对后续路面裂缝的提取与识别造成不利，甚至导致算法失败，因此需要对动态范围进行调整。传统的图像动态范围调整是为了增强图像对比度，提高图像质量。常用的方法有直方图均衡化[112]、灰度均衡化[113-114]、对比度线性展宽[115]等。由于这些方法均属于非线性运算，若采用上述算法，会造成路面三维图像的深度信息损坏。因此本书提出图像动态调整算法主要遵从以下原则：

(1) 尽可能多地保留原有三维图像的深度信息；

(2) 为方便后续裂缝像素识别，尽可能使每帧图的像素平均值接近 0；

(3) 由于本章图像增强的目的是为第 5 章的裂缝识别算法做铺垫，因此应消除车辙对深度信息的影响。

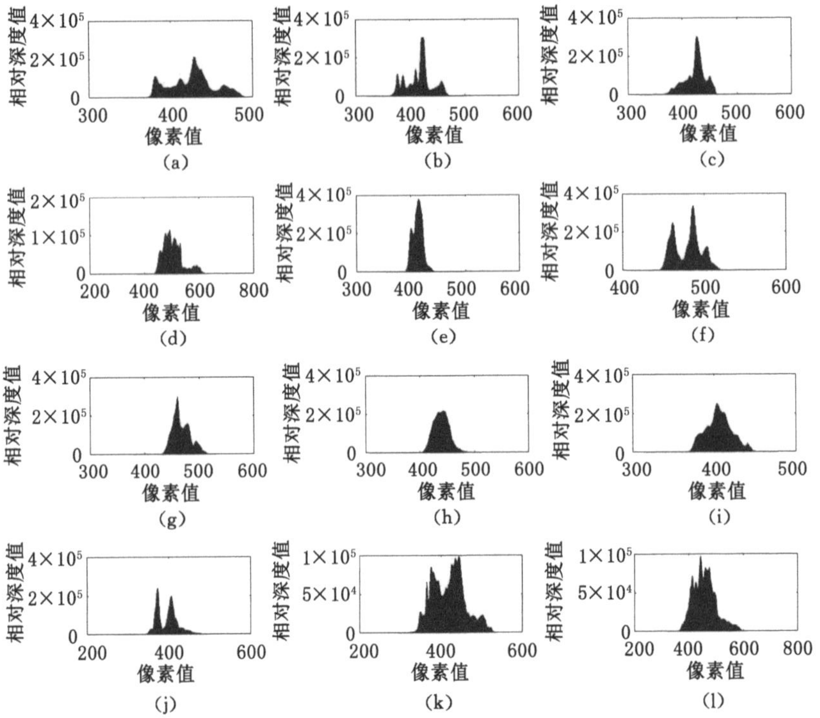

图 3-9 路面三维图像的动态范围

根据以上原则和路面三维图像的特点，本书采用尺寸为 101×101，$\sigma=80$ 的高斯滤波器[由式(3-9)生成，如图 3-10 所示]，与路面三维图像进行卷积，然后将原图像的每个像素值减去卷积后图像对应位置的像素值，具体过程如下：

$$\mathrm{FRange}(i,j)=I''(i,j)\otimes \mathrm{BGaussian} \tag{3-11}$$

$$I'''(i,j)=I''(i,j)-\mathrm{FRange}(i,j) \tag{3-12}$$

式中 $I''(i,j)$——经过降噪处理的图像；

$\otimes$——卷积运算；

$\mathrm{FRange}(i,j)$——卷积后的图像。

图 3-11 为动态范围调整前后的对比图像，观察发现：动态范围调整不仅保存了原有裂缝信息，还消除了车辙对整体深度值的影响。路面三维图像中非裂缝区域基本处于同一平面内。

图 3-12 为二维图像中某断面动态范围调整前后的变化情况。图 3-12(a)与图 3-12(b)分别为原始图像中横、纵向剖面深度变化情况；图 3-12(c)与图 3-12(d)

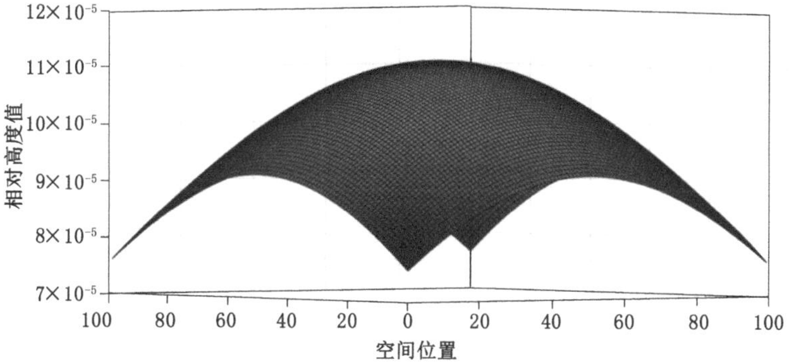

图 3-10　高斯滤波器(过滤器尺寸为 101×101,σ=80)

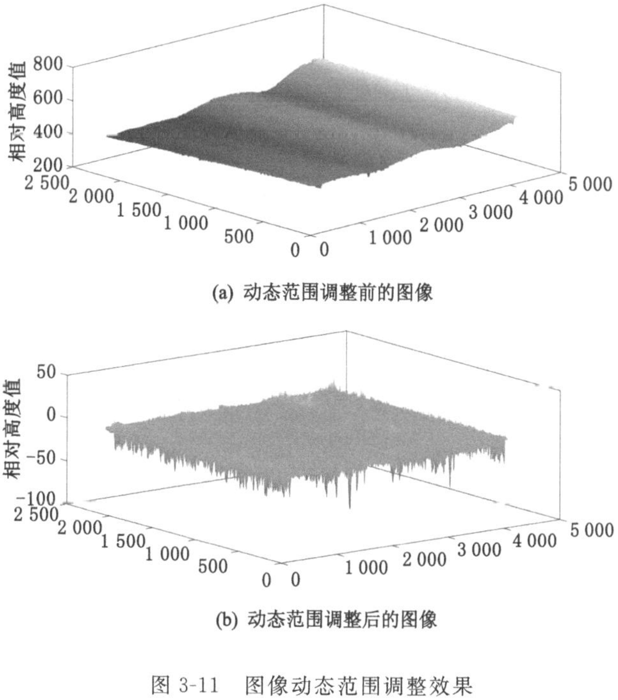

图 3-11　图像动态范围调整效果

分别为横、纵向剖面经过动态范围调整后的深度变化情况。图中居中曲线为各个剖面的平滑值。

动态范围调整前后图像的动态范围与像素平均值列于表 3-1。经过动态调整后的图像的像素平均值十分接近 0,说明非裂缝区域的像素值均被调整到接

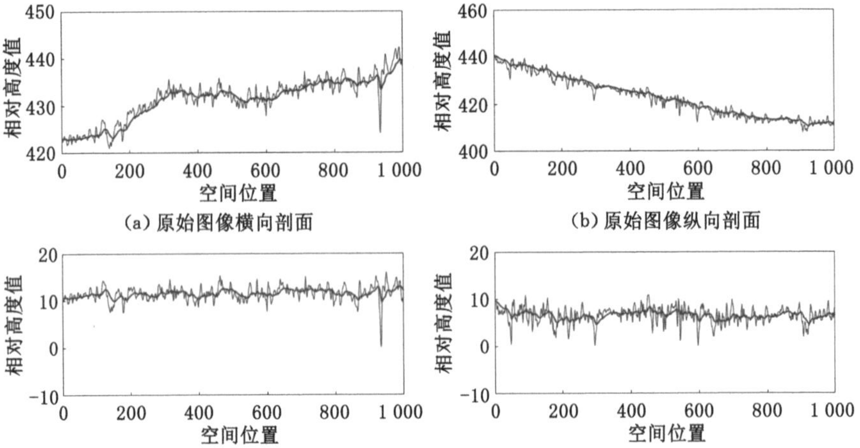

(a) 原始图像横向剖面　(b) 原始图像纵向剖面

(c) 调整后横向剖面　(d) 调整后纵向剖面

图 3-12　二维图像中某断面动态范围调整前后的变化情况

近 0 值的平面，而裂缝区域像素被调整到低于 0 值的平面。

表 3-1　图像动态调整前后对比

图像编号	未调整动态范围	调整后的动态范围	调整前像素平均值	调整后像素平均值
1	339:496	−33:11	426.382	0.002
2	320:514	−42:15	417.043	0.002
3	320:581	−42:15	423.661	0.002
4	370:631	−78:27	504.897	−0.014
5	347:512	−30:52	412.948	−0.005
6	408:562	−45:14	479.843	0.000
7	377:531	−66:15	467.520	0.001
8	308:512	−88:42	439.425	0.000
9	315:478	−49:12	406.066	−0.003
10	272:506	−80:20	396.773	−0.003
11	293:537	−57:17	420.012	−0.006
12	320:616	−88:21	458.785	−0.010

3.4　本章小结

本章通过讨论路面图像增强算法应用现状和路面三维图像的特点，指出既有路面图像增强算法大多数不适用于路面三维图像。针对路面三维图像的特点，提出了图像阶跃消除、强点状噪声去除和图像动态调整范围调整算法。首先，在判断左右半幅图像是否存在拼接问题的基础上，消除了图像高度值的阶跃现象。然后，消除阶跃后的图像与5×5的二维高斯滤波器进行卷积计算后，再经过噪声阈值的判断，可有效消除路面三维图像中的孤立噪声点。最后，使用大尺寸二维高斯滤波使路面图像的动态范围位于靠近“0”值的区域内。路面图像预处理算法降低了原有数据的缺陷对裂缝识别算法的不利影响，显著提高了图像质量。增强后的图像为准确且全面的裂缝识别奠定了基础。

第4章 人工神经网络的结构及算法

4.1 引言

多层神经网络及卷积神经网络(convolutional neural network,CNN)均称为人工神经网络,也是深度学习(deep learning)的一个重要分支,广义来讲属于人工智能范畴。从计算机科学的角度来看,人工神经网络是一种新的能以与人类智能相似的方式做出反应的智能算法。图4-1阐明了人工神经网络与其他计算机科学分支的关系。从仿生学的角度来看,多层神经网络模拟动物大脑的工作机制,卷积神经网络效仿灵长类动物视觉神经机制,二者均企图了解智能的实质。

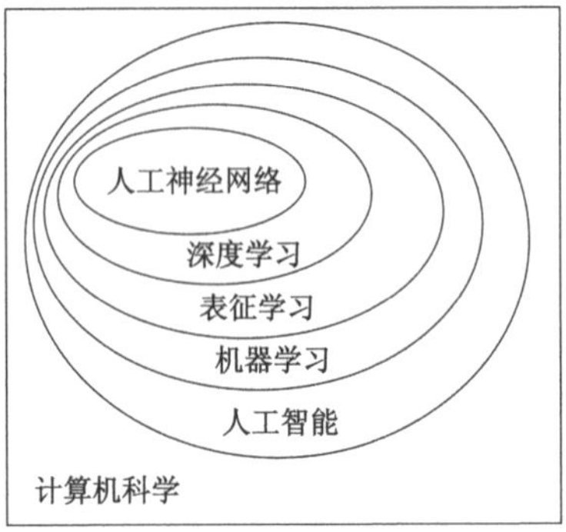

图4-1 卷积神经网络与其他人工智能技术关系的维恩图

传统的机器学习和表征学习通常需要经过大量的专业实践来设计原始数据特征提取器(feature extractor)。通过一系列特征提取器将原始数据转化为适用于数据分类或识别的特征向量(feature vector)。该特征向量被输入至系统分类器中,最终输出分类或识别结果。根据算法复杂程度,机器学习和表征学习可被归类为浅层学习。深度学习方法采用多层感知器(multilayer perceptrons),由低层到高层从原始数据中提取抽象的特征向量,最后通常由分类器输出结果。

针对原始数据复杂程度和输入形式的差异，设计不同的结构组合，并通过学习过程中的参数调整，最终可以得到非常复杂的隐式函数。

在解决多年来困扰人工智能领域的问题方面，深度学习取得了巨大的成就。已经被证实，深度学习在处理高维度的数据时具有强大的适用性[116]。因此在自然科学领域、商用领域以及政府机关等均有深度学习的身影。尤其是针对图像识别[117-120]和语音识别[121-123]，深度学习不断刷新其他机器学习技术的识别准确率记录。值得指出的是，在自然语言理解方面[124]，例如主题分类、情绪分析、语音翻译[125-126]等，深度学习展示出了广阔的应用前景，并已经取得了卓有成效的研究成果。与此同时，非计算机科学领域的众多学者也纷纷加入深度学习的研究，例如预测药物分子行为[127]、分析粒子加速器数据[128-129]、重构脑电路图[130]以及预测非编码 DNA 突变对基因表达的影响[131-132]。

卷积神经网络作为一种典型的前馈人工神经网络，是近些年才发展起来的，并引起重视的一种高效图像分类与识别算法。然而早在 1962 年，D. H. Hubel 等[133]在对猫的视觉神经试验时，就发现视觉神经系统中低层次的神经元可以接受某些特定方向的线性或边缘刺激，并且神经结构的复杂程度远远超出了当时人类的认知。20 世纪 80 年代，日本学者 K. Fukushima[134-135]提出了一种新的神经网络结构，称为神经认知机（neocognitron），并在 1987 年进一步介绍了神经认知机的原理。神经认知机虽然在手写数字的识别中取得了较好的效果，但是存在当时难以克服的问题。首先，其结构复杂，参数众多，且当时缺少对超参数的系统研究。其次，神经认知机的训练需要大量数字化的样本数据，这在当时的互联网及计算机发展水平下很难满足。最后，由于当时计算机计算能力有限，而导致试验的时间成本居高不下。这些原因导致神经网络的发展在很长一段时间内处于停滞状态。尽管如此，这些研究成果为卷积神经网络的提出奠定了理论与实践基础。

Y. Lecun 等[136]于 1998 年提出了 LeNet-5 手写字符的识别系统，在该系统的训练过程中引入了概率模型。20 世纪 90 年代末期，美国 10%以上的银行支票均由该系统进行读取[116,136]。经过众多学者的验证与进一步开发，LeNet-5 已经成为卷积神经网络中最经典的模型之一。

随着计算机硬件水平的不断发展和互联网的全球性覆盖，人们采集数据样本的能力和计算机运算速度大幅度提高，使得深度学习模型的高度复杂化和训练样本的多样化成为可能。尤其在英伟达公司推出的高性能图形处理器（graphics processing unit，GPU）之后，并行计算方式更为深度学习的训练过程提供了巨大的便捷。不同的计算机语言运行平台，例如 TensorFlow 及 MATLAB 等提供了成熟的工具箱，为不同专业背景的学者踏足深度学习领域降低了门槛。经过大量实践,人们发现由计算机自己学习到的特征向量,不仅更符合对目标特征的描述,还避免了人工提取的特征的大量的冗余信息,使得特征向量变得更精练和有效,因此针对深度学习的研究又重新活跃起来。其中,2006 年多伦多大学的 G. E. Hinton 等[137]在 *Science* 上发表了 *Reducing the Dimensionality of Data with Neural Networks*,再次证明了多层神经网络拥有强大的学习能力,通过多层神经网络学习得到的目标特征更自然,更有利于区分不同目标。这篇具有里程碑式的文章彻底点燃了人们对包括卷积神经网络在内的多层神经网络研究的热情,使针对基于卷积神经网络的深度学习模型的研究越发广泛与深入。

2015 年,Yann LeCun 联手 Yoshua Bengio 和 Geffrey Hinton 在 *Nature* 杂志上发表了 *Deep Learning* 一文,正式奠定了包括卷积神经网络在内的深度学习在整个计算科学中的重要地位。

本章首先介绍人工神经网络的发展历史,然后详细介绍多层神经元网络与卷积神经网络的结构组成和训练方法。

4.2 多层神经元网络结构及训练

4.2.1 多层神经元网络结构

多层神经元网络是近代计算机科学史上的一个重大发现,推进人工智能进入崭新局面。多层神经元网络是由多个感知器单元分层互连所形成的一个有向无环的网络结构。图 4-2 所示是一个典型的三层神经网络。在该网络中,单独提取出虚线框内的结构,并略去上标数字的含义来看,输入值 $p_1, p_2, \cdots, p_R$ 分别对应权值矩阵 $\boldsymbol{W}$ 的元素 $w_{1,1}, w_{1,2}, \cdots, w_{1,R}$,通过累加器 $\boxed{\Sigma}$ 后,外加偏置值 b 和传输函数 f 共同构成了这个神经元。神经元净输出值 n 为:

$$n_1 = w_{1,1}p_1 + w_{1,2}p_2 + \cdots w_{1,R}p_R + b_1 \tag{4-1}$$

该表达式也可以写成矩阵形式:

$$\boldsymbol{n} = \boldsymbol{Wp} + b \tag{4-2}$$

其中神经元的权值矩阵 $\boldsymbol{W}$ 只有一列元素,$\boldsymbol{p}$ 为输入向量。

该神经元的输出可以写成:

$$a = f(\boldsymbol{Wp} + b) \tag{4-3}$$

权值矩阵元素的第 1 个下标表示权值相应连接所指定的目标神经元编号,第 2 个下标表示权值相应连接的源神经元编号。据此,$w_{1,2}$ 的含义为:该权值表示的从第 2 个神经元到第 1 个神经元的连接。

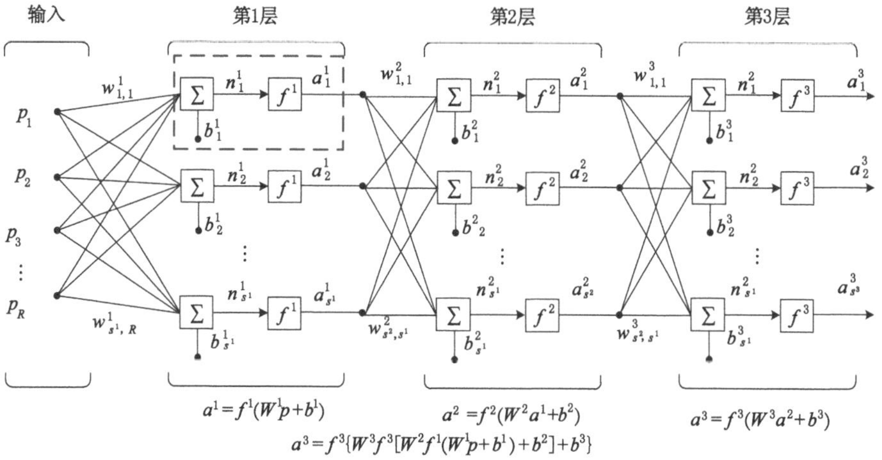

图 4-2　三层神经元网络

一般来说，有多个输入的单个神经元并不能满足实际应用的要求。在实际应用中需要将多个神经元并行操作，因此形成了"层"的概念，如图 4-2 中第 1 层结构所示。通常每层的输入并不等于该层中神经元的数目，即 $R \neq S$。此时，输入向量通过如下权值矩阵 $\boldsymbol{W}$ 进入网络：

$$\boldsymbol{W}=\begin{bmatrix} w_{1,1} & w_{1,2} & \cdots & w_{1,R} \\ w_{2,1} & w_{2,2} & \cdots & w_{2,R} \\ \vdots & \vdots & & \vdots \\ w_{S,1} & w_{S,2} & \cdots & w_{S,R} \end{bmatrix} \tag{4-4}$$

矩阵中行下标代表该权值相应连接输出的目的神经元，而列下标代表该权值相应连接的输入源神经元。那么，$w_{3,2}$ 的下标表示该元素是从第 2 个神经元到第 3 个神经元的连接的权值。针对多层神经网络，每层都要有自己的权值矩阵 $\boldsymbol{W}$、偏置值向量 $\boldsymbol{b}$、净输入向量 $\boldsymbol{n}$ 和一个输出向量 $\boldsymbol{a}$。因此，图 4-2 中各个值的上标便代表所在层位。

以上介绍的是一种简单的多层神经网络，若改变该网络中的一些神经元组的连接方式便可以构造出不同的神经网络，如递归神经网络。在构造神经网络时，传输函数的选取通常起到至关重要的作用。常用的传输函数见表 4-1。在多层神经元网络中，除了输入层和输出层以外，其他层均可以称为隐含层。

表 4-1　多层神经网络中常用的传输函数

名称	输入/输出关系	图标	函数名称
硬极限函数	$a=0,n<0$ $a=1,n\geqslant 0$	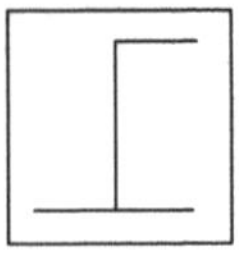	hardlim
对称硬极限函数	$a=-1,n<0$ $a=+1,n\geqslant 0$	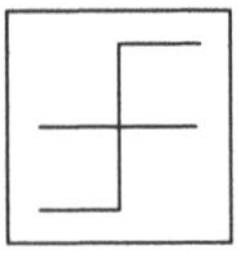	hardlims
线性函数	$a=n$	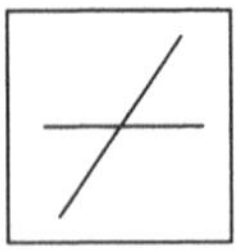	purelin
饱和线性函数	$a=-1,n<0$ $a=n,0\leqslant n\leqslant 1$ $a=1,n>1$	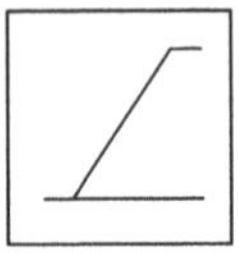	satlin
对称饱和线性函数	$a=-1,n<-1$ $a=n,-1\leqslant n\leqslant 1$ $a=1,n>1$	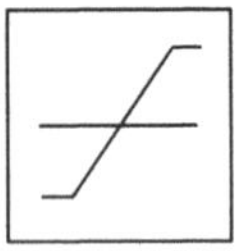	satlins
对数－S 形函数	$a=\frac{1}{1+e^{-n}}$	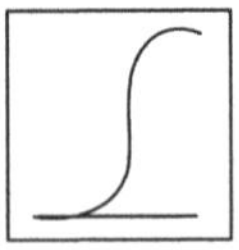	logsig
双曲正切 S 形函数	$a=\frac{e^{n}-e^{-n}}{e^{n}+e^{-n}}$	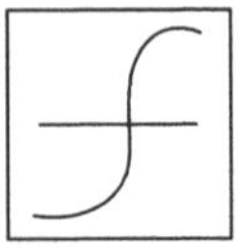	tansig
正线性函数	$a=0,n<0$ $a=n,n\geqslant 0$	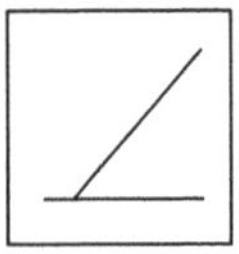	poslin

4.2.2　多层神经元网络的训练

反向传播算法(backpropagation,BP)是多层神经元网络采用最多的训练方法。1975 年,P. J. Werbos[138]在其博士论文中提出 BP 的基本概念,当时并没有引起学术界的重视。直到 20 世纪八九十年代,D. E. Rumelhart 等[139]和 Y. Lecun 等[140]成功将其应用到深度学习模型中,才唤起人们对 BP 的研究热情。当前绝大多数的神经网络采用 BP 算法进行训练。

多层神经元网络的学习过程主要由四个部分组成:

(1) 输入模式前向传播;

(2) 输出误差反向传播;

(3) 循环记忆训练;

(4) 学习结果判断。

具体过程如下:

如前所述,多层网络中某一层的输出成为下一层的输入,描述此操作的等式为:

$$\boldsymbol{a}^{m+1} = \boldsymbol{f}^{m+1}(\boldsymbol{W}^{m+1}\boldsymbol{a}^{m} + \boldsymbol{b}^{m+1}) \quad (m = 0,1,\cdots,M-1) \tag{4-5}$$

式中　m——网络的层数。

若令第 1 层的神经元从外部接收输入,则有:

$$\boldsymbol{a}^{0} = \boldsymbol{p} \tag{4-6}$$

它是等式(4-5)的起点。最后一层神经元的输出是网络的输出:

$$\boldsymbol{a} = \boldsymbol{a}^{M} \tag{4-7}$$

BP 算法的输入是一个网络正确行为的样本集合:

$$\{\boldsymbol{p}_1,\boldsymbol{t}_1\},\{\boldsymbol{p}_2,\boldsymbol{t}_2\},\cdots,\{\boldsymbol{p}_Q,\boldsymbol{t}_Q\} \tag{4-8}$$

此处 $\boldsymbol{p}_q$ 是网络的输入,$\boldsymbol{t}_q$ 是对应的目标输出。每当输入一个样本,便将网络输出与目标输出比较。算法将调整网络参数以使均方差误差最小化:

$$F(x) = E[e^2] = E[(t-a)^2] \tag{4-9}$$

式中　x——网络权值和偏置值的向量。

若网络有多个输出且当网络的第 k 次迭代时,式(4-9)的一般形式为:

$$F(x) = (t(k)-a(k))^{\mathrm{T}}(t(k)-a(k))$$

采用最速下降算法为:

$$w_{i,j}^{m}(k+1) = w_{i,j}^{m}(k) - \alpha\frac{\partial F}{\partial w_{i,j}^{m}} \tag{4-10}$$

$$b_{i}^{m}(k+1) = b_{i}^{m}(k) - \alpha\frac{\partial F}{\partial b_{i}^{m}} \tag{4-11}$$

式中　α——学习率。

因为误差是隐层中的权值的隐函数,式(4-10)和式(4-11)中的偏导数应采用微积分中的链式法则进行求解。因此式(4-10)和式(4-11)中的偏导数为:

$$\frac{\partial F}{\partial w_{i,j}^{m}} = \frac{\partial F}{\partial n_{i,j}^{m}}\cdot\frac{\partial n_{i,j}^{m}}{\partial w_{i,j}^{m}} \tag{4-12}$$

$$\frac{\partial F}{\partial b_i^m}=\frac{\partial F}{\partial n_i^m}\cdot\frac{\partial n_i^m}{\partial b_i^m} \tag{4-13}$$

每个等式中的第 2 项均可由式(4-14)求得。

$$n_i^m=\sum_{j=1}^{S^{m-1}}w_{i,j}^m a_j^{m-1}+b_i^m \tag{4-14}$$

$$\begin{cases}\dfrac{\partial n_{i,j}^m}{\partial w_{i,j}^m}=a_j^{m-1}\\[2ex]\dfrac{\partial F}{\partial b_i^m}=1\end{cases} \tag{4-15}$$

若定义

$$s_i^m=\frac{\partial F}{\partial n_i^m} \tag{4-16}$$

为 F 对 m 层的输入的第 i 个元素变化的敏感度，则式(4-12)和式(4-13)可以简化为：

$$\frac{\partial F}{\partial w_{i,j}^m}=s_i^m\cdot a_j^{m-1} \tag{4-17}$$

$$\frac{\partial F}{\partial b_i^m}=s_i^m \tag{4-18}$$

将敏感度的概念应用于最速下降法，则有：

$$w_{i,j}^m(k+1)=w_{i,j}^m(k)-\alpha s_i^m\cdot a_j^{m-1} \tag{4-19}$$

$$b_i^m(k+1)=b_i^m(k)-\alpha s_i^m \tag{4-20}$$

用矩阵形式表示为：

$$\boldsymbol{W}^m(k+1)=\boldsymbol{w}(k)-\alpha\boldsymbol{s}^m\cdot(\boldsymbol{a}^{m-1})^{\mathrm{T}} \tag{4-21}$$

$$\boldsymbol{b}^m(k+1)=\boldsymbol{b}^m(k)-\alpha\boldsymbol{s}^m \tag{4-22}$$

式中

$$\boldsymbol{s}^m=\frac{\partial F}{\partial\boldsymbol{n}^m}=\begin{bmatrix}\dfrac{\partial F}{\partial n_1^m}\\[2ex]\dfrac{\partial F}{\partial n_2^m}\\ \vdots\\ \dfrac{\partial F}{\partial n_{s^m}^m}\end{bmatrix} \tag{4-23}$$

推导敏感度 s^m 时，要再次用到链式法则，此处也是反向传播名词的由来，因为它描述了第 m 层的敏感度是根据第 $m+1$ 层的敏感度计算得到的。推导敏感度的递推关系时，需要使用下面的雅克比矩阵：

$$\frac{\partial \boldsymbol{n}^{m+1}}{\partial \boldsymbol{n}^{m}}=\begin{bmatrix}\frac{\partial n_1^{m+1}}{\partial n_1^m} & \frac{\partial n_1^{m+1}}{\partial n_2^m} & \cdots & \frac{\partial n_1^{m+1}}{\partial n_{S^m}^m}\\ \frac{\partial n_2^{m+1}}{\partial n_1^m} & \frac{\partial n_2^{m+1}}{\partial n_2^m} & \cdots & \frac{\partial n_2^{m+1}}{\partial n_{S^m}^m}\\ \vdots & \vdots & & \vdots\\ \frac{\partial n_{S^{m+1}}^{m+1}}{\partial n_1^m} & \frac{\partial n_{S^{m+1}}^{m+1}}{\partial n_2^m} & \cdots & \frac{\partial n_{S^{m+1}}^{m+1}}{\partial n_{S^m}^m}\end{bmatrix} \tag{4-24}$$

考虑到式(4-24)所示矩阵中的 i,j 元素的计算如下：

$$\begin{aligned}\frac{\partial n_i^{m+1}}{\partial n_j^m}&=\frac{\partial\left(\sum_{l=1}^{S^m} w_{i,l}^{m+1}a_l^m+b_i^{m+1}\right)}{\partial n_j^m}=w_{i,l}^{m+1}\frac{\partial a_l^m}{\partial n_j^m}\\&=w_{i,l}^{m+1}\frac{\partial f^m(n_l^m)}{\partial n_j^m}=w_{i,l}^{m+1}\dot{f}^m(n_l^m)\end{aligned} \tag{4-25}$$

式中

$$\dot{f}^m(n_l^m)=\frac{\partial f^m(n_l^m)}{\partial n_j^m} \tag{4-26}$$

因此雅克比矩阵可以写成：

$$\frac{\partial \boldsymbol{n}^{m+1}}{\partial \boldsymbol{n}^{m}}=\boldsymbol{W}^{m+1}\dot{\boldsymbol{F}}^m(n^m) \tag{4-27}$$

式中

$$\dot{F}^m(n^m)=\begin{bmatrix}\dot{f}^m(n_1^m) & 0 & \cdots & 0\\ 0 & \dot{f}^m(n_2^m) & \cdots & 0\\ \vdots & \vdots & & \vdots\\ 0 & 0 & \cdots & \dot{f}^m(n_{S^m}^m)\end{bmatrix} \tag{4-28}$$

应用链式法则推导得出敏感度的递推关系为：

$$\begin{aligned}\boldsymbol{s}^m&=\frac{\partial \boldsymbol{F}}{\partial \boldsymbol{n}^m}=\left(\frac{\partial \boldsymbol{n}^{m+1}}{\partial \boldsymbol{n}^m}\right)^{\mathrm{T}}\frac{\partial F}{\partial \boldsymbol{n}^{m+1}}=\dot{\boldsymbol{F}}^m(\boldsymbol{n}^m)(\boldsymbol{W}^{m+1})^{\mathrm{T}}\frac{\partial \boldsymbol{F}}{\partial \boldsymbol{n}^{m+1}}\\&=\dot{\boldsymbol{F}}^m(\boldsymbol{n}^m)(\boldsymbol{W}^{m+1})^{\mathrm{T}}\boldsymbol{s}^{m+1}\end{aligned} \tag{4-29}$$

敏感度可以由最后一层通过多层神经元网络反向传播至第 1 层：

$$\boldsymbol{s}^M\rightarrow\boldsymbol{s}^{M-1}\rightarrow\cdots\rightarrow\boldsymbol{s}^2\rightarrow\boldsymbol{s}^1 \tag{4-30}$$

值得注意的是，当采用均方差函数作为误差函数时，敏感度的起点 s^M 的计算过程如下：

$$\boldsymbol{s}_i^M = \frac{\partial F}{\partial n_i^M} = \frac{\partial\,(\boldsymbol{t}-\boldsymbol{a})^{\mathrm{T}}(\boldsymbol{t}-\boldsymbol{a})}{\partial n_i^M} = \frac{\partial \sum_{j=1}^{S^M}(t_j-a_j)^2}{\partial n_i^M} = -2(t_j-a_i)\frac{\partial a_i}{\partial n_i^M} \tag{4-31}$$

由于

$$\frac{\partial a_i}{\partial n_i^M} = \frac{\partial a_i^M}{\partial n_i^M} = \frac{\partial f^M(n_i^M)}{\partial n_i^M} = \dot{f}^M(n_i^M) \tag{4-32}$$

可以求得：

$$s_i^M = -2(t_j-a_i)\dot{f}^M(n_i^M) \tag{4-33}$$

其矩阵表达式为：

$$\boldsymbol{s}^M = -2\dot{\boldsymbol{F}}^M(\boldsymbol{n}^M)(\boldsymbol{t}-\boldsymbol{a}) \tag{4-34}$$

多层神经元网络通过 BP 算法进行循环记忆训练，这便是网络的学习过程。在每次正向传播结束后，需要进行学习结果的判别，其目的是检查输出误差是否已经达到允许的程度。如果小于预设条件，便结束整个学习过程，否则继续迭代训练。图 4-3 为采用 BP 算法进行多层神经元网络训练流程图。

4.3 卷积神经网络结构

卷积神经网络以多层神经元网络为结构基础，融合了卷积层、局部连接(local connection)、权值共享(weight sharing)及层间池化(pooling)等关键要素，形成了特殊的深层次网络模型。其具有良好的通用性，可以识别多种不同的模式或目标，并对一定程度的扭曲变形具有良好的鲁棒性。在训练过程中，利用已收集的图像数据库，经过前馈过程的局部感知、特征提取和全连接层分类，得到当前的分类结果输出。通过损失函数(loss function)计算当前分类结果与目标值(target value)之间的差异，再利用反向传播算法(back-propagation，BP)，对网络结构中各个参数进行更新。虽然卷积神经网络模型的种类很多，但是其基本结构大致相同，如图 4-4 所示。

传统的卷积神经网络主要是由多个特征提取阶段和分类器组成的单一尺度结构，即输入图像经过逐层提取特征得到高等级的低维的特征向量后，将该特征向量输入分类器，最终得到分类结果。每个特征提取阶段包括卷积层和池化层。一般情况下，卷积神经网络一共有 1～3 个特征提取阶段。

4.3.1 卷积层

卷积层作为卷积神经网络的核心组成部分，具有局部连接和权值共享特征。

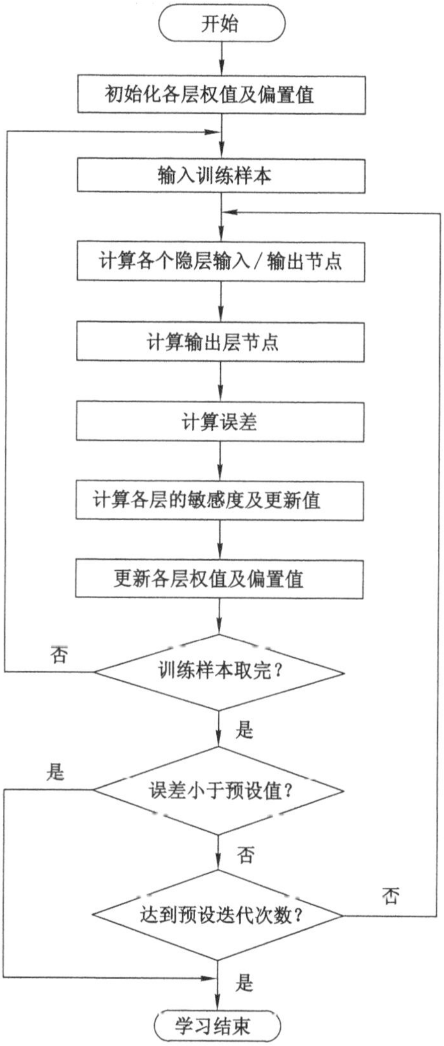

图 4-3　多层神经元网络训练流程图

卷积层同一特征图(feature map)中的神经元提取前一层特征图中不同位置的局部特征,而对于单一神经元来说,其提取的特征是前一层若干不同的特征图中相同位置的局部特征。每个卷积层所完成的是前一层的一个或多个特征图作为输入与一个或多个卷积核进行卷积操作,产生一个或多个输出。如图 4-5 所示,一个大小为 5×5 的卷积核与第 l 层特征图进行二维离散卷积计算,输出第 $l+1$ 层特征图中的神经元,计算过程为:

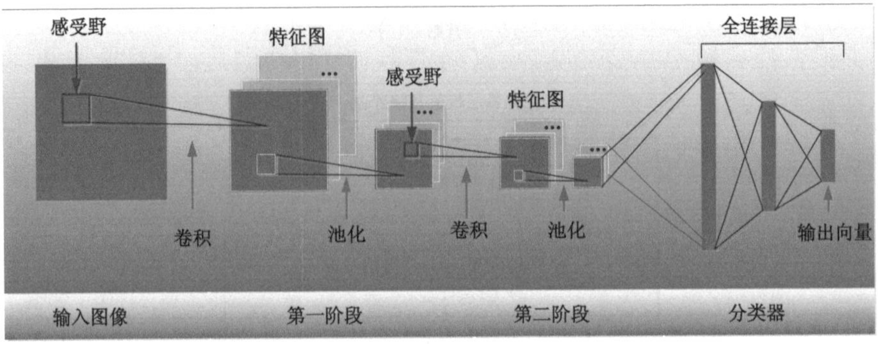

图 4-4 卷积神经网络结构示意图

$$x_j^{l+1} = f(\sum_{i\in M_j} x_j^l * k_{ij}^{l+1} + b_j^{l+1}) \tag{4-35}$$

式中 x_j^{l+1}——第 $l+1$ 层的第 j 个特征图像；

$f(\cdot)$——一个选定的传输函数；

M_j——输入的数据子区域；

$*$——卷积操作。

该子区域成为神经元在输入特征图上的感受野，即输出神经元所能“看”到的区域。

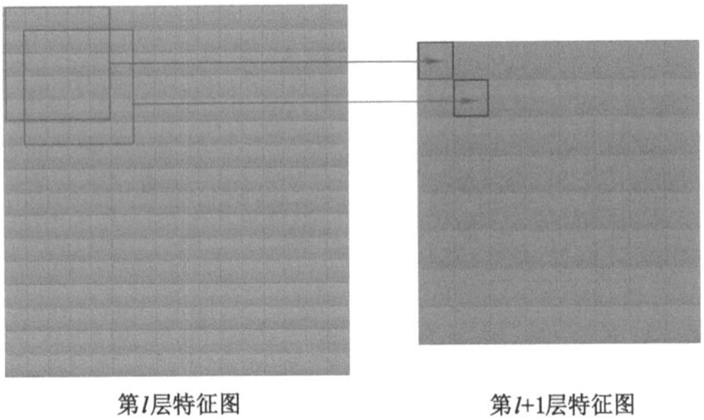

图 4-5 卷积操作示意图

在卷积计算之后，其结果会加上一个可以训练的偏置值 b。然后再将加和后的结果输入一个传输函数(表 4-1 中的一种)，通过该函数映射后得到最终的输出。该部分操作与多层神经元网络的思想相同。

4.3.2　池化层

池化层(pooling layer)的作用是对卷积输出的特征图进行采样，并降低特征图的维度，如图4-6所示。采样的步长一般为采样区域的大小。采样区域的宽度W和高度H不一定相等，首先将输入特征图划分为若干个大小为$W\times H$的子区域，每个子区域经过池化之后，输出一个池化层中的神经元，计算公式如下：

$$\text{out}=\left(\sum\sum I(i,j)^{P}\times G(i,j)\right)^{1/P} \tag{4-36}$$

式中　I——输入特征图；

G——高斯卷积核；

out——输出特征图。

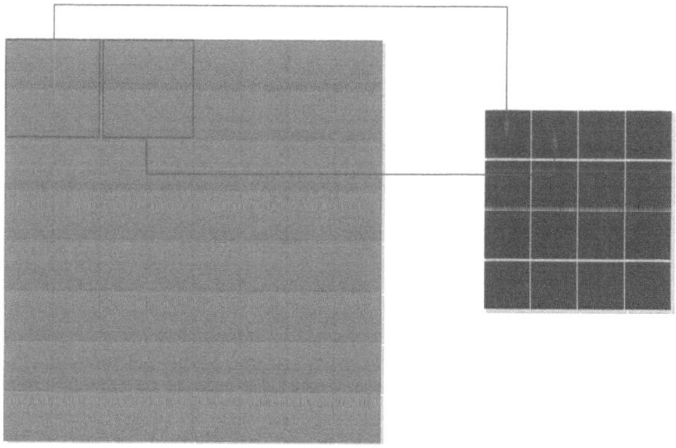

图4-6　池化层示意图

P的取值在1到∞之间。当$P=1$时，池化层执行平均值采样，即将采样子区域内的平均值输出作为池化结果；当$P\to\infty$时，池化层执行最大值采样，即将采样子区域内的最大值作为池化结果。

一个大小为$M\times N$的输入特征图，经过$W\times H$子区域池化后得到的特征图像大小为$(M/W)\times(N/H)$。

4.3.3　全连接层

卷积神经网络在连续堆叠的卷积层、池化层之后和网络输出之前，一般会设置1～3层神经元网络，称为全连接层(fully connected layer)。全连接层的作用是将最后阶段提取到的特征图连接成一个特征向量，并将该特征向量输入多层神经元网络。这样整个卷积神经网络可以采用梯度下降法进行全局训练，与多层神经元网络的训练方法相同，此处不再赘述。

4.3.4 softmax 分类器

全连接层的最后通常是一个可微的分类器。常用的分类器有多项式逻辑回归(multinomial logistic regression)[141]或 softmax 分类器[142]，甚至是对于权值不可微的分类器，如支持向量机(support vector machine，SVM)[89]等。由于 softmax 分类器在图像分类项目中的性能优于其他分类器，因此下面详细介绍 softmax 分类器。

softmax 分类器的原理来源于 softmax 回归模型，而 softmax 模型是 Logistics 回归模型的扩展。它解决了 Logistics 回归模型不能解决的多分类问题。Logistics 回归模型的应用范围仅限于二分类问题，即第 i 个分类别标签 $y^{(i)} \in \{0,1\}$ 。

假设函数(hypothesis function)如下：

$$h_\theta(x) = \frac{1}{1+\exp(-\theta^T x)} \tag{4-37}$$

现通过训练模型参数 θ 来最小化下面的误差函数(loss function)：

$$J(\theta) = -\frac{1}{m}\left[\sum_{i=1}^{m} y^{(i)} \log h_\theta x^{(i)} + (1-y^{(i)})(1-\log h_\theta x^{(i)})\right] \tag{4-38}$$

式中　m——训练样本个数。

对于多分类问题，需要用到 Logistic 回归模型的扩展——softmax 分类器。此时类别标签 $y^{(i)} \in \{1,2,\cdots,k-1,k\}$，$k$ 为总的类别数。对于给定的全连接层输入向量 x，需利用假设函数估计概率值 $p(y=j \mid x)$，即当 x 为输入时，y 属于第 j 种分类的概率值。因此，假设函数需要输出一个 k 维的列向量(所有元素之和为 1)，每个元素分量代表输入 x 属于该类别的概率，见式(4-39)。

$$h_\theta(x_i) = \begin{bmatrix} p(y_i = 1 \mid x_i;\theta) \\ p(y_i = 2 \mid x_i;\theta) \\ \vdots \\ p(y_i = k \mid x_i;\theta) \end{bmatrix} = \frac{1}{\sum_{j=1}^{k} e^{\theta_j^T x_i}} \begin{bmatrix} e^{\theta_1^T x_i} \\ e^{\theta_2^T x_i} \\ \vdots \\ e^{\theta_k^T x_i} \end{bmatrix} \tag{4-39}$$

式中　θ——模型参数。

$\sum_{j=1}^{k} e^{\theta_j^T x_i}$ 的作用是归一化输出列向量，保证输出列向量各元素之和为 1。

在讨论损失函数之前，先介绍一个示性函数(indicator function)，其取值规则如下：

$$1\{\text{表达式值为真}\} = 1 \tag{4-40}$$

$$1\{表达式值为假\} = 0 \tag{4-41}$$

例如,函数 $1\{1+1=2\}$ 的输出为 1,函数 $1\{1+1=1\}$ 的输出为 0,因此 softmax 分类器的损失函数表达式为:

$$J(\theta) = -\frac{1}{m}\left[\sum_{i=1}^{m}\sum_{j=1}^{k} 1\{y^{(i)}=j\}\log\frac{e^{\theta_k^T x_i}}{\sum_{j=1}^{k} e^{\theta_j^T x_i}}\right] \tag{4-42}$$

目前还没有采用闭式算法解决 $J(\theta)$ 最小化问题的,通常采用迭代算法求其最小值,如梯度下降法。经过偏微分,得到梯度公式如下:

$$\nabla_{\theta_j} J(\theta) = -\frac{1}{m}\sum_{i=1}^{m}\left[x_i(1\{y^{(i)}=j\} - p(y_i=j \mid x_i;\theta))\right] \tag{4-43}$$

当得到梯度计算公式(4-43)后,便可以运用梯度下降迭代法来最小化 $J(\theta)$,即每次迭代均按照式(4-44)进行参数更新。

$$\theta_j = \theta_j - \alpha\, \nabla_{\theta_j} J(\theta) \tag{4-44}$$

式中,$j = 1,2,\cdots,k$,k 为图像类别数量。

4.4　卷积神经网络的训练

卷积神经网络的训练方法与多层神经元网络的训练方法基本相同,根据梯度下降原理更新各层内的参数,关键是求出损失函数对每个参数的偏导。与多层神经元网络的不同之处:卷积神经网络的卷积操作使得神经元之间的连接数远多于神经元个数。目前卷积神经网络的训练方式主要有三种,即有监督训练方式[143-144]、无监督训练方式[145]、混合训练方式[146]。在机器学习领域,有监督学习是一种常用的学习方法,可以从训练集样本中学习到期望的映射函数。本小节重点讨论有监督学习模式下卷积神经网络的反向传播算法的推导及实现。推导过程基于二维数据和卷积操作,但可以将其推广到任意维数。

卷积神经网络的训练过程主要由前向传播和反向传播组成。在前向传播过程,从训练样本集中随机选取若干个训练样本(X,Y_p),输入卷积神经网络,经过多个阶段的卷积层和池化层及全连接层,最终由分类器输出 O_p。在反向传播阶段,计算训练样本实际输出 O_p 与训练样本对应的标签 Y_p 之间的敏感度。然后将此敏感度反向逐层传递,同时计算梯度,并更新各层参数。图 4-7 为卷积神经网络的训练流程图。在 4.3 节中介绍了卷积神经网络前向传播的计算过程。下面主要介绍反向传播算法。

假设输出层为第 l 层,那么前向传播后得到的训练样本实际输出 O_p 与训练样本对应的实际标签 Y_p 之间的残差 Δ^l 可以用最小平方误差函数表示,该损失函

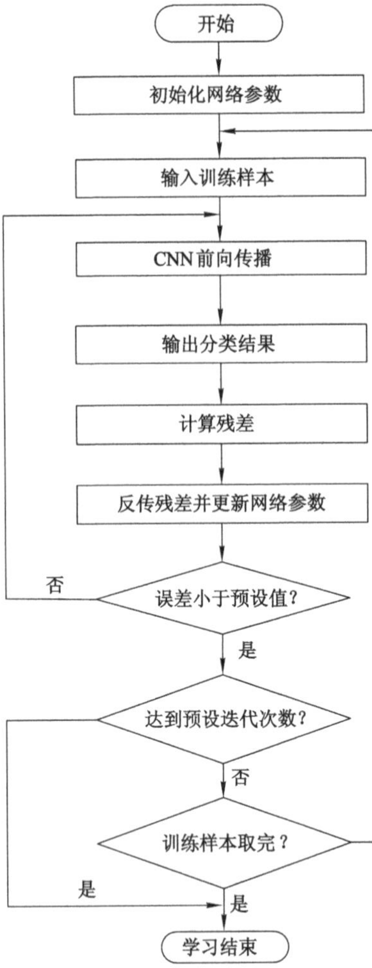

图 4-7　卷积神经网络训练流程图

数表达式如下：

$$\Delta^l = \frac{1}{2} \| O_p - Y_p \|^2 \tag{4-45}$$

卷积神经网络反向传播的残差主要包括输出层残差和隐层残差。

(1) 输出层残差的反向传递

输出层残差的计算公式如下：

$$\delta^{(n_l)} = \frac{\partial}{\partial \Delta^l}\left(\frac{1}{2} \| O_p - Y_p \|^2\right) = -(y - a^{(n_l)}) f'(a^{(n_l)}) \tag{4-46}$$

式中　$a^{(n_l)}$——卷积神经网络的第 l 层的净输出；

$f(*)$——第 l 层的传输函数。

得到输出层残差后便可以用经典的 BP 算法将其反向传递至非全连接层。

(2) 隐层残差的反向传递

当第 l 层卷积层接收其上一层的池化层残差时，就平均值池化而言，残差反传实际上是首先将池化层的残差复制 4 份。然后将每个神经元的值与该层的传输函数的导数相乘，得到第 l 层卷积层残差。具体的表达式如下：

$$\delta^l = \text{upsample}(\delta^{l+1}) f'(x) \tag{4-47}$$

式中　upsample——上采样函数；

$f'(x)$——第 l 层传输函数的导数；

x——第 l 层每个神经元的值。

当第 l 层池化层接收其上一层的卷积层残差时，残差的反向传播实际上是反卷积过程，即将该层卷积核旋转 180°，然后计算第 l 层的残差：

$$\delta^l = \text{conv2}(\delta^{l+1}, \text{rot180}(K^{l+1})) f'(x) \tag{4-48}$$

式中　conv2(parameter1, parameter2)——二维卷积函数，其中，parameter1 为被卷积的二维矩阵，parameter2 为卷积核；

rot180——翻转函数；

K^{l+1}——第 $l+1$ 层的卷积核；

$f'(x)$——第 l 层的传输函数；

x——第 l 层每个神经元的值。

卷积神经网络内参数的更新与多层神经元网络相同，此处不再赘述。

4.5　本章小结

本章主要基于现有人工神经网络的研究成果，介绍了多层神经元网络和卷积神经网络的相关理论。针对多层神经元网络的结构及训练过程，介绍了经典的前向传播算法与 BP 算法，包括敏感度的计算与传递、学习率等。在此基础上，结合卷积神经网络的特点，详细介绍了卷积神经网络结构中的细节，例如卷积层、池化层、全连接层的设置，以及分类器的选取等。针对卷积神经网络训练方法，详细阐述了残差在不同层间传递的方式。本章内容为卷积神经网络在沥青路面三维图像分类中的应用奠定了理论基础。

第5章 基于卷积神经网络的沥青路面病害图像分类

5.1 引言

路面裂缝是公路工程师进行路面设计与维修的重要依据。根据相关报道[147]，对于出现开裂的公路路面，在其前75%全寿命周期内，路面质量将会下降40%。若不做任何处置，则在接下来的12%全寿命周期内，路面质量又会下降40%。根据美国路面病害调查相关规范[148]，沥青路面裂缝可分为六类，如图5-1所示。我国的《公路技术状况评定标准》(JTG 5210—2018)[3]将沥青路面裂缝分为龟裂、块状裂缝、纵向裂缝和横向裂缝四类。根据破损的严重程度，又将每种类型裂缝分为轻、(中)、重。本章拟采用卷积神经网络对给定的沥青路面三维图像进行分类，即纵向裂缝图像、横向裂缝图像、块状裂缝图像、龟裂图像和无裂缝图像五类。

卷积神经网络超参数的选取直接影响网络的性能[149-150]。然而在网络搭建和训练过程中，现有的深度学习研究成果不能给出有力的超参数组合方案[151-152]。网络层数、全连接层神经元的个数、卷积核的尺寸、每个卷积层中特征图的个数、学习率及Batchsize，均被视为卷积神经网络的超参数。在过去20多年内，众多学者提出了很多优化超参数的方法，例如网格搜索法、随机搜索法[153]以及基于序列模型的优化法[154]等。目前较为常用的方法是网格搜索法和基于序列模型的贝叶斯优化法。在网格搜索法中，训练具有不同超参数的卷积神经网络，通过对比网络性能值，最终选取最优超参数组合。超参数优化的难点之一是整个优化过程利用一个没有明确表达式的函数进行。对于这种情况，贝叶斯优化法是一种有效的方法[155-156]。本书拟在以上研究的基础上采用正交试验法，进行卷积神经网络超参数优化。为避免研究内容过于宽泛而无法把握超参数变化对网络性能的影响规律，本次研究选取卷积核尺寸、学习率和Batchsize 3个因素，每种因素选取4个水平。试验指标为分类准确率、网络达到收敛的迭代次数和完成一个Epoch所运行的时间。根据正交试验设计方法，进行试

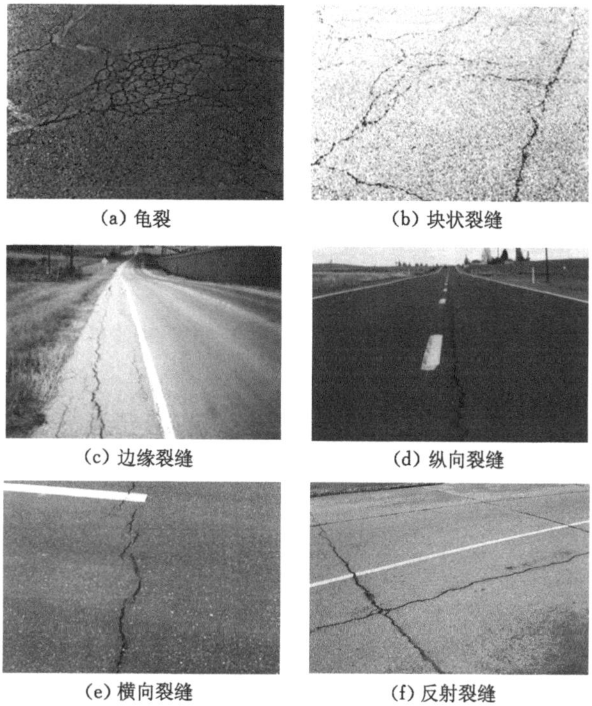

图 5-1 路面裂缝类型

验方案设计和试验结果分析。

本章首先建立用于训练和测试的路面三维图像数据集；然后参考既有的卷积神经网络结构，进行适用于路面病害图像分类的网络结构的搭建，并最终确定了 4 种结构；最后为探索卷积神经网络的超参数对网络识别准确率、迭代次数以及训练时间的影响，设计正交试验，并对多因素试验结果进行方差分析。

5.2 路面三维图像训练库的建立

为了利用卷积神经网络进行路面图像分类研究，首先要建立图像训练库。当前在卷积神经网络研究领域存在不同种类的数据库，如 MNIST 手写数字图像库[157]、AR 人脸数据库[158]等，常见的图像库汇总于表 5-1。每种图像库为其特定的分类任务而建立。因此，为了调试卷积神经网络的结构及参数，参照表 5-1中数据库的建立方法，需要利用沥青路面三维图像建立样本数据库。

表 5-1　常见的卷积神经网络训练图像库汇总表

名称	图像种类/种	图像类型	图像分辨率	图像总数/张
MNIST 手写数字图像库	10	灰度图像	28×28	70 000
AR 人脸数据库	116	彩色图像	768×576	3016
ORL 人脸数据库[159]	40	灰度图像	112×92	400
Yale B 人脸数据库[160]	10	灰度图像	640×480	5 760
德国交通标志数据库[161]	43	彩色图像	15×15～222×193	>12 500

应用公路路面三维检测系统在不同地点、不同天气条件下采集大量路面三维图像数据，组建路面三维图像数据库，并从中随机选取 1 000 张作为训练图像，每张图像的尺寸为 4 096×2 048，即近似代表 4 m(横向)×2 m(纵向)的路面。考虑节省计算资源和训练时间，以及分类的准确度，每张路面三维图像被拆分成 32 张样本图像，每张样本图像的尺寸为 512×512。拆分方法如图 5-2 所示。

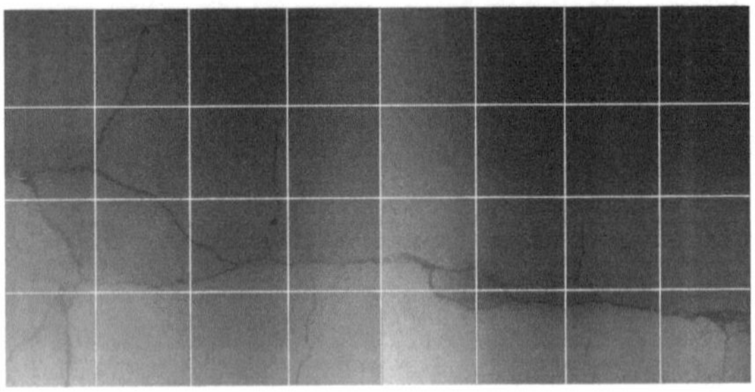

图 5-2　样本图像拆分示意图

人为地从拆分后的 32 000 张图像中挑选有代表性的病害样本图像。为了成功训练卷积神经网络，样本图像库的总数量和数据多样性是两个关键因素。因此共超过 28 000 张样本图像被选中作为训练样本库和测试样本图像，每种样本图像的数量列于表 5-2。

表 5-2　样本数据库的组成　　单位：张

样本图像类型	非病害样本	横向裂缝	纵向裂缝	块状裂缝	龟裂
训练样本数量	5 552	5 184	5 419	5 362	5 445
验证样本数量	300	300	300	300	300

在自建的路面三维样本图像库中共有五类图像：

(1) 非病害图像；

(2) 横向裂缝图像；

(3) 纵向裂缝图像；

(4) 块状裂缝图像；

(5) 龟裂图像。

图 5-3 展示了部分样本图像库中的数据，可以观察到每张样本图像的明暗程度存在一定差异，其主要原因是图像的动态范围差异较大。当每张图像的平均值接近“0”时，卷积神经网络的训练速度会显著提升[162]，因此每张图像的动态范围按式(5-1)进行标准化。

$$N\_I = \frac{I - \mathrm{mean}(I)}{\max(I) - \min(I)} \tag{5-1}$$

式中 N_I——标准化后的图像数据；

I——原图像数据。

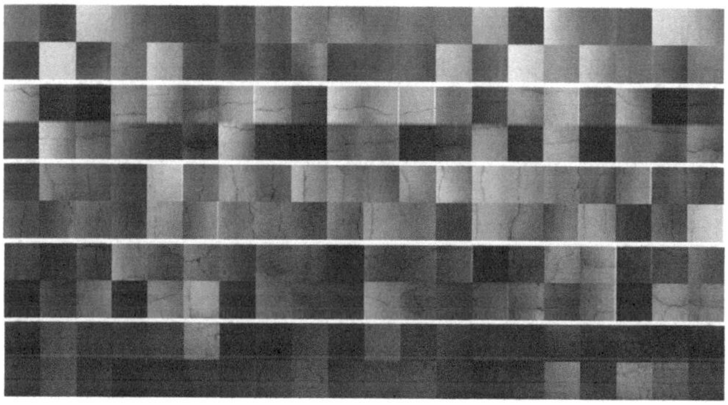

注：第 1 行为非病害图像；第 2 行为横向裂缝图像；第 3 行为纵向裂缝图像；第 4 行为块状裂缝图像；第 5 行为龟裂图像。

图 5-3 路面病害图像样本库子集

在卷积神经网络的分类问题中，每个训练样本及验证样本需对应一个实际标签 Y_p。因此，针对每个样本，采用一个五维列向量与之对应。列向量的元素组成为“0”或者“1”。每个样本与其列向量的对应关系见表 5-3。

表 5-3 每种样本与实际标签向量的对应关系

样本种类	非裂缝图像	横向裂缝	纵向裂缝	块状裂缝	龟裂
实际标签向量	$[1\ 0\ 0\ 0\ 0]^T$	$[0\ 1\ 0\ 0\ 0]^T$	$[0\ 0\ 1\ 0\ 0]^T$	$[0\ 0\ 0\ 1\ 0]^T$	$[0\ 0\ 0\ 0\ 1]^T$

5.3 基于卷积神经网络的路面病害图像分类算法

卷积神经网络的核心之一是网络结构的搭建。选取合适的网络结构能使得网络训练时间缩短，准确率提升；反之，使得网络训练的时间大幅度延长，甚至导致迭代不收敛。网络结构的选取直接受网络超参数(hyper-parameter)的影响。当前学者常研究的超参数有：学习率(learning rate)、网络层数(number of layers)、特征图个数(number of feature maps)、感受野尺寸(receptive field size)等。以 A. Krizhevsky 等[117]和 Y. Lecun 等[140]设计的深度卷积神经网络结构为基础，通过试验得出最终采用的网络结构。本小节设计出适用于路面病害图像分类的卷积神经网络结构。通过多次试验，得到 4 种卷积神经网络，可以很好地进行路面病害图像分类。以图 5-4 中 CNN-1 为例，详尽描述网络的结构组成。

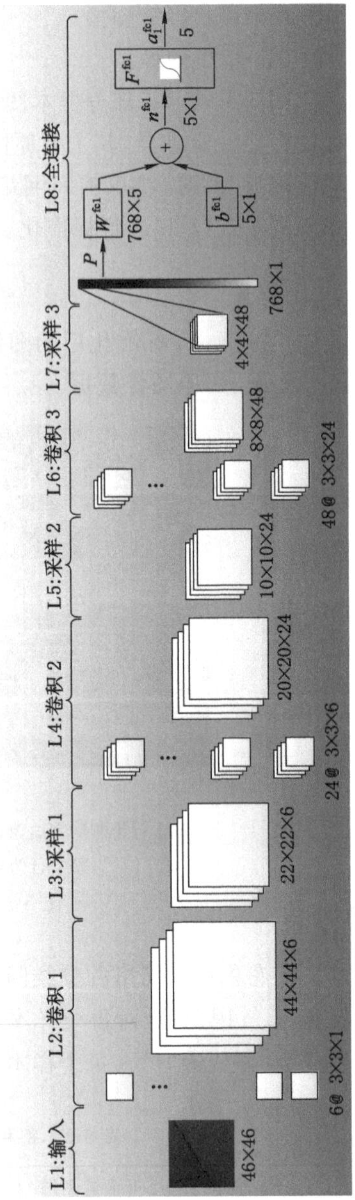

图 5-4　CNN-1 网络结构图

为减少计算机计算时间，降低试验时间成本，输入网络的图像维度被削减到 46×46。CNN-1 网络共包含 8 层，分别表示为 L1～L8。L1 层由输入图像构成。L2 层为卷积层 1，由 6 个卷积核和 6 个特征图组成，感受野尺寸为 3×3，每张特征图的尺寸为 44×44。L3 层为采样层 1。本书均采用平均值采样的方法，采样窗口尺寸为 2×2。此时特征图像尺寸减小为 22×22。L4 层为卷积层 2，由 24 个特征图组成，感受野尺寸为 3×3，每张特征图的尺寸为 20×20。经过 L5 采样层，特征图的尺寸变为 10×10。L6 为卷积层，由 48 个特征图组成，卷积核尺寸为 3×3，此时特征图的尺寸为 8×8。经过 L7

采样层后，特征图像尺寸为 4×4。L8 层为全连接层，将上一层 48 张特征图像合并成 768 维列向量 $\boldsymbol{P}$。尺寸为 768×5 的权值矩阵 $\boldsymbol{W}^{fc1}$ 与 $\boldsymbol{P}$ 相乘，并加上偏置向量 $\boldsymbol{b}^{fc1}$，最终经过激活函数的计算，得到卷积神经网络的输出。网络中所有卷积层和全连接层的激活函数为 logsig 函数。4 种网络结构的组成列于表 5-4。

表 5-4　CNN-1～CNN-4 结构的组成

层位	CNN-1		CNN-2		CNN-3		CNN-4	
	卷积核	特征图像	卷积核	特征图像	卷积核	特征图像	卷积核	特征图像
L1：输入层		46×46		60×60		74×74		88×88
L2：卷积层 1	6@3×3×1	44×44×6	6@5×5×1	56×56×6	6@7×7×1	68×68×6	6@9×9×1	80×80×6
L3：采样层 1		22×22×6		28×28×6		34×34×6		40×40×6
L4：卷积层 2	24@3×3×6	20×20×24	12@5×5×6	24×24×12	12@7×7×6	28×28×12	12@9×9×6	32×32×12
L5：采样层 2		10×10×24		12×12×12		14×14×12		16×16×12
L6：卷积层 3	48@3×3×24	8×8×48	24@5×5×12	8×8×24	24@7×7×12	8×8×24	24@9×9×12	8×8×24
L7：采样层 3		4×4×48		4×4×24		4×4×24		4×4×24
L8：全连接层								

在实际的网络训练中，卷积神经网络不仅要完成特征提取与图像分类，还要完成网络参数的自动更新与学习，通过网络性能评估及结果反馈，获得具有高分类性能的网络。具体过程如图 5-5 所示。

图 5-5 中有两条主线：一条主线是离线的卷积神经网络训练和验证，以细实线表示；另外一条主线是在线图像分类，以粗实线表示。前者表示卷积神经网络的学习过程，后者表示网络的在线图像分类功能。图中的虚线表示卷积神经网络参数初始化和优化后的存储过程，具体流程如下：

(1) 卷积神经网络的搭建。

读取网络设置参数，并进行网络参数初始化。

(2) 卷积神经网络的训练。

卷积神经网络的训练的目的是找到一组参数使得损失函数值最小，包括前向传播和误差反向传播，以及网络参数的更新。通过不断迭代执行 BP 算法，实现网络参数的优化，进而使卷积神经网络的性能不断提升。

(3) 卷积神经网络的验证。

网络的验证是在模型训练的过程中完成的。固定迭代周期中止网络的训练，然后将验证样本输入此时的网络，并仅进行前向传播过程，得到输出分类结果。将此时网络的输出分类结果与实际标签进行对比，得出网络的分类性能。

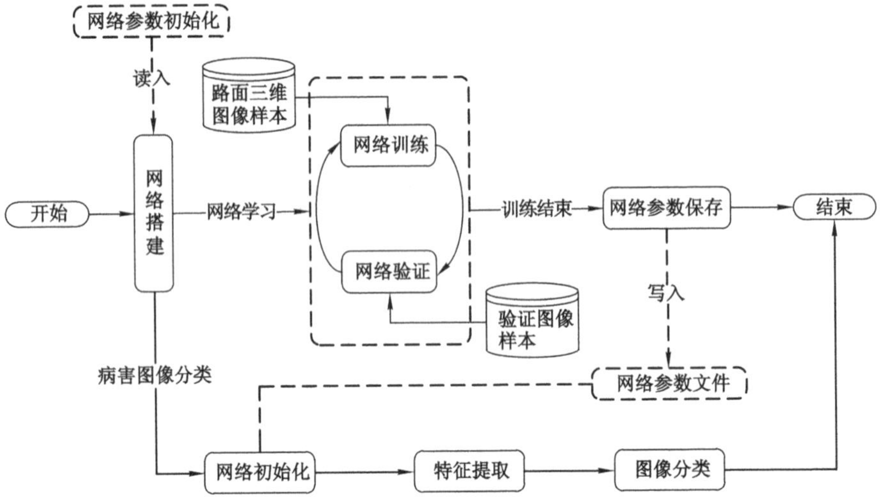

图 5-5 卷积神经网络流程示意图

根据此对比结果，判断网络训练是否收敛和决定是否终止网络的学习过程。循环进行此过程(图 5-4 中的虚线框)，直到网络性能达到预期标准。此过程也称为交叉验证(cross validation)。

(4) 卷积神经网络参数的保存。

保存优化后的网络参数，并写入参数文件，便于后续网络的验证与应用。表 5-5 至表 5-11 为上述过程的伪代码。

表 5-5 卷积神经网络计算过程伪代码

算法名称：卷积神经网络计算过程
1：输入：训练样本，验证样本，网络参数初始化文件
2：输出：参数文件
3：InitializeNet//初始化网络结构
4：InitializeHyperparametert//初始化网络超参数
5：TrainCNN//训练神经网络
6：SaveCNN//保存完成训练的网络
7：算法结束

表 5-6　InitializeNet 伪代码

算法名称：InitializeNet
1：输入：训练样本，网络参数初始化文件
2：输出：初始化的卷积神经网络
3：N←卷积神经网络层数
4：For int i = 1 to N
5：　　If（第 i 层为卷积层）
6：　　　　初始化卷积核和偏置值
7：　　Else If（第 i 层采样层）
8：　　　　初始化采样模板
7：　　Else If（第 i 层为全连接层）
8：　　　　初始化权值矩阵偏置值
9：　　End If
10：End For
11：算法结束

表 5-7　TrainCNN 伪代码

算法名称：TrainCNN
1：输入：训练样本，验证样本，初始化的卷积神经网络
2：输出：经过训练的卷积神经网络
3：Epochs←迭代次数
4：Num←训练样本数/Batchsize
5：For int i = 1 to Epochs
6：　　For int j = 1 to Num
7：　　　　Batch_train//随机从训练集中取出 Batchsize 个训练样本
8：　　　　CNNFF//前向传播函数
9：　　　　CNNBP//反向传播函数
10：　　　　CNNApplyGrads//反向传播函数
11：　　End For
12：　　CNNTest//准确验证函数
13：End For
14：算法结束

表 5-8　CNNFF 伪代码

算法名称：CNNFF
1：输入：一个 Batchsize 的训练样本，经过第 n 次训练卷积神经网络
2：输出：接受第 $n+1$ 次训练的卷积神经网络
3：N←卷积神经网络层数
4：For int i ＝ 1 to N
5：　　If（第 i 层为卷积层）
6：　　　　卷积运算
7：　　Else If（第 i 层采样层）
8：　　　　　　平均值采样
9：　　Else If（第 i 层为全连接层）
10：　　　　　　权值矩阵与全连接向量相乘
11：　　Else If（第 i 层为输出层）
12：　　　　　　计算网络输出
13：　　End If
14：End For
15：算法结束

表 5-9　CNNBP 伪代码

算法名称：CNNBP
1：输入：一个 Batchsize 的训练样本，正在接受第 n 次训练卷积神经网络
2：输出：卷积神经网络参数的梯度值
3：N←卷积神经网络层数
4：反算输出层梯度值
5：For int i ＝（N－1）to 1
6：　　If（第 i 层为卷积层）
7：　　　　将第 $i+1$ 层采样层的误差传递至第 i 层
8：　　Else If（第 i 层为采样层）
9：　　　　　　将第 $i+1$ 层卷积层的误差传递至第 i 层
10：　　End If
11：End For
12：For int i ＝ 1 to N
13：　　If（第 i 层为卷积层）

表 5-9(续)

14:　　　计算第 i 层卷积核和偏置值的梯度值
15:　　End If
16:End For
17:算法结束

表 5-10　CNNApplyGrads 伪代码

算法名称:CNNApplyGrads
1:输入:正在接受第 n 次训练卷积神经网络,卷积神经网络超参数
2:输出:网络参数更新后的卷积神经网络
3:N←卷积神经网络层数
4:For int i = 1 to N
5:　　If (第 i 层为卷积层)
6:　　　更新的卷积核 = 卷积核 − 学习率×卷积核的梯度值
7:　　　更新的偏置值 =偏置值 − 学习率×偏置值的梯度值
9:　　Else If (第 i 层为全连接层)
10:　　　　更新的权值矩阵 = 权值矩阵 − 学习率×权值矩阵的梯度值
11:　　　　更新的偏置值 =偏置值 − 学习率×偏置值的梯度值
13:　　End If
14:End For
15:算法结束

表 5 11　CNNTcst 伪代码

算法名称:CNNTest
1:输入:经过第 n 个 Epoch 训练后的卷积神经网络,验证样本
2:输出:经过第 n 个 Epoch 训练后的卷积神经网络的识别准确率
3:Batch_train←随机从测试集中随机取出 300 个训练样本
4:CNNFF←Batch_train
5:N←网络的正确输出的个数
6:Accuracy = N / 300
7:算法结束

5.4 正交试验设计

5.4.1 正交试验设计方法

正交试验设计方法是在数学统计学和正交性原理基础上，针对多因数试验进行研究与分析的一种科学方法。根据正交性从全面试验中挑选出部分有代表性的试验组合进行试验，这些有代表性的试验组合具有“均匀分散，齐整可比”的特点，能在考察范围内选出代表性强的少数试验。正交试验设计已经在实际中广泛使用，是安排多因素试验、寻求最优水平组合且被证明是十分有效的不需要全面试验的高效试验设计方法。其具有以下特点：

(1) 有一套规范的表格，便于多因素正交试验设计与数据处理分析。

(2) 正交表的正交性便于分析出每个试验因素的主效应，有时也能估计出各因素之间的交互作用；直观分析法或方差分析法是对试验数据进行处理和分析的两种主要方法。通过对试验数据结果进行详细分析，能够有效判断各个因素对试验指标的影响程度，并确定各因素之间的主次顺序，最终实现试验参数的优化。

(3) 正交表中的各数据具有分布均匀和整齐可比的特点。

(4) 正交试验设计的试验次数 m 应不小于试验因素水平数 n 的平方，即 $m \geqslant n^2$，由此可见随着水平数的增大，试验次数也会急剧增大，从而大幅度增加试验成本。

5.4.2 正交试验设计流程

正交试验设计主要包括两个部分：一是试验设计；二是数据分析。图 5-6 为正交试验流程图，其基本步骤如下[163]：

第 1 步，明确试验目的，确定评价指标。

第 2 步，挑选因素，确定水平。影响试验指标的因素有多种，不能够一一列举，需要挑选出主要因素，略去次要因素。确定因素水平时，一般根据实际情况确定合理的因素水平，应使各个水平值均匀分布在重点数值区间内。

第 3 步，生成正交表，并进行表头设计。

第 4 步，明确试验方案并执行，得到结果。

第 5 步，对试验结果进行统计分析。采用直观分析法或方差分析法，确定最优水平组合。

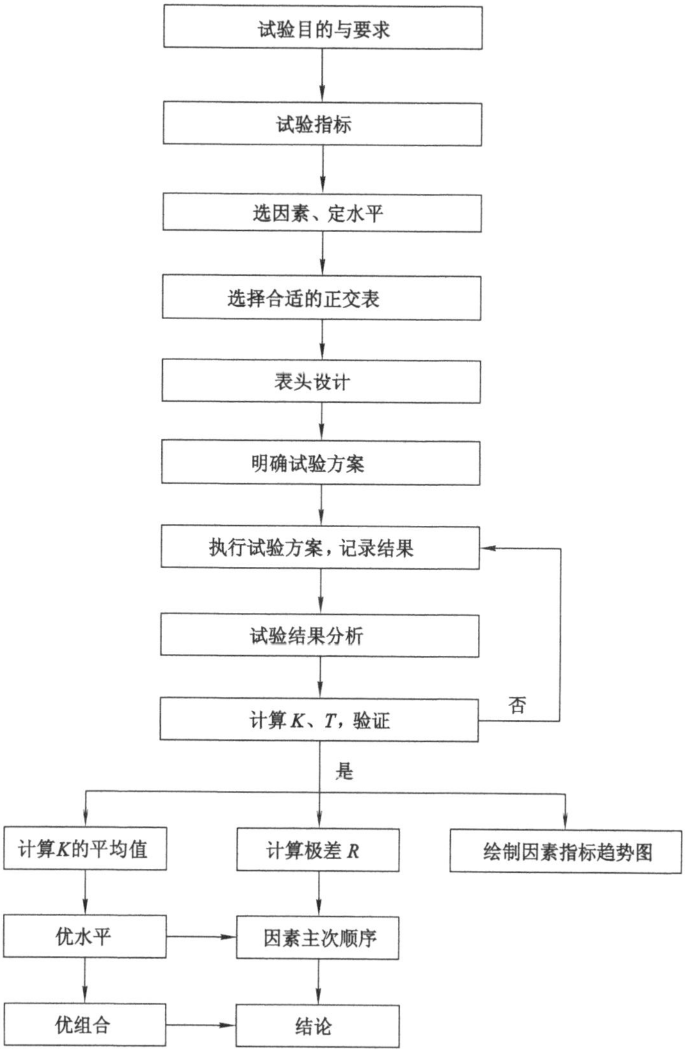

图 5-6　正交试验流程图

5.5　卷积神经网络超参数的正交试验设计

运用正交试验设计理论对卷积神经网络的超参数进行优化，首先应以超参数为控制因素进行正交试验设计。然后，按照正交试验设计的方法和步骤对影响卷积神经网络性能的超参数进行分析。

5.5.1 确定试验指标

本章主要研究的是卷积神经网络超参数优化问题，试验的目的是确定各个控制因素对卷积神经网络性能的影响程度，进而对卷积神经网络超参数的选取起到一定的指导作用。在试验设计和数据处理中，根据试验目的和数据处理的目的选定用来考察其效果的特征值，称为试验考察指标。本书中卷积神经网络的首要任务是准确地完成五类路面图像的分类，因此分类准确率是一个考察指标。此外，卷积神经网络在训练过程中，若能在较少的迭代次数后便达到最终的收敛，说明该网络学习能力强。因此，应将网络达到收敛的迭代次数作为一个考察指标。尽管现在计算机的计算能力已经得到了大幅度提高，但是卷积神经网络的训练仍然需要大量的时间来完成。因此，本次研究中将卷积神经网络训练时完成一个 Epoch 的训练所需要的时间作为一个考察指标。为表述方便，分别用字母 X，Y，Z 表示这 3 个考察指标。字母与考察指标之间的对应关系见表 5-12。

表 5-12　考察指标及其代号

考察指标	分类准确率/%	网络达到收敛的迭代次数/次	完成一个 Epoch 训练所需要的时间/分
代号	X	Y	Z

5.5.2 确定试验因素和水平

每一个具体的试验，由于试验目的不同或者受到试验条件的限制，通常只选取所有影响因素中的某些因素进行试验。根据专业知识和之前试验时积累的经验，从影响试验指标的众多因素中选取重点考察的试验因素。本章选取卷积核尺寸、学习率、Batchsize 3 个试验因素。为方便叙述，用字母 A、B、C 分别表示这 3 个因素。每个字母与试验因素的对应关系见表 5-13。

表 5-13　试验因素及其代号

试验因素	卷积核尺寸	学习率	Batchsize
代号	A	B	C

试验因素水平的选取也是试验设计的主要内容之一。试验因素在试验中所处的不同状态、不同条件或不同数值会导致试验指标随之变化。卷积核尺寸(也称为感受野)是卷积神经网络中进行卷积计算时卷积窗口的大小。该尺寸的选

取应符合卷积操作的客观要求。若尺寸过大，会急剧增加计算时间；若尺寸过小，则不能完整提取图像中的特征。学习率通常为介于 0 到 1 之间的常数。Batchsize 通常为小于 100 的整数。本章的研究中针对每种试验因素选取 4 个水平，各个试验因素的水平见表 5-14。

表 5-14　正交试验因素水平表

水平	试验因素		
	卷积核尺寸(A)	学习率(B)	Batchsize(C)
1	3×3	0.25	25
2	5×5	0.50	50
3	7×7	0.75	75
4	9×9	1.00	100

5.5.3　制订试验方案及试验结果提取

采用正交法来制订试验方案，本章选取 3 因素 4 水平正交表，利用 SPSS 统计分析软件生成正交表(表 5-15)。表中的列号与试验因素对应，而该列下的数值代表该试验因素所处的水平。例如试验 1，可缩写成 $A_2B_2C_4$，表示卷积核尺寸为 5×5，学习率为 0.5，Batchsize 为 100 的试验组合。

表 5-15　正交试验方案

试验编号	试验因素		
	卷积核尺寸(A)	学习率(B)	Batchsize(C)
1	2	2	4
2	2	1	2
3	4	1	4
4	3	2	1
5	3	1	3
6	1	3	4
7	1	1	1
8	1	4	2
9	3	4	4
10	1	2	3

表 5-15(续)

试验编号	试验因素		
	卷积核尺寸(A)	学习率(B)	Batchsize(C)
11	4	2	2
12	4	4	3
13	2	4	1
14	3	3	2
15	4	3	1
16	2	3	3

按照表 5-15 列出的试验因素及水平组合进行试验。本章所有的路面三维数据处理程序和卷积神经网络相关的函数均采用 MATLAB 计算机语言进行编制。MATLAB 运行平台安装在电脑上(英特尔 i7-6700HQ 处理器,主频 2.60 GHz,8 GB 存储器)。为了能够完整地观察每组试验训练时的收敛情况,将 Epoch 设置为 100,即每个卷积神经网络在训练集上进行 100 次训练。为清晰显示试验结果,将 16 组试验结果分成 4 组,绘于图 5-7 至图 5-10 中。图中横坐标为迭代次数,纵坐标为损失函数针对每次迭代的输出误差值和准确率。细实线代表迭代过程中损失函数的误差值与迭代次数的关系曲线。散点代表每个 Epoch 结束后,验证集上的准确率。

由图 5-6 至图 5-10 可以看出:除了试验 6 没有达到最终收敛外,其他试验均已收敛,并且最终卷积神经网络在验证集上的分类准确率均在 95%以上。本书以每次试验最后 10 次 Epoch 验证的准确率的平均值为最终的准确率,计算公

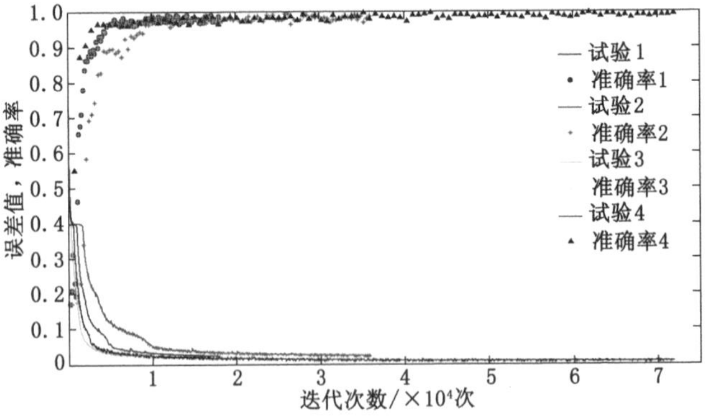

图 5-7 试验 1～4 试验结果

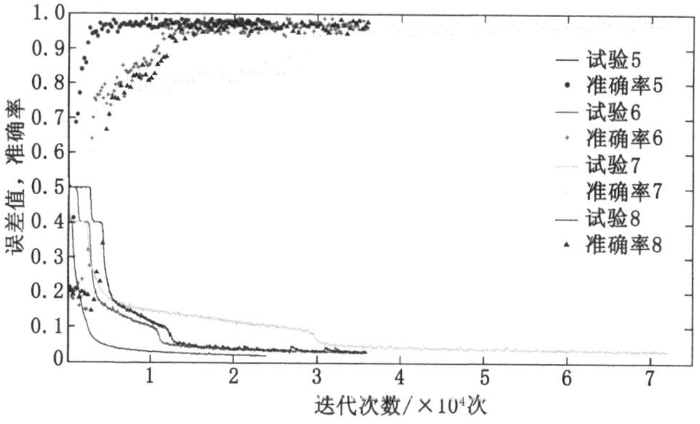

图 5-8　试验 5～8 试验结果

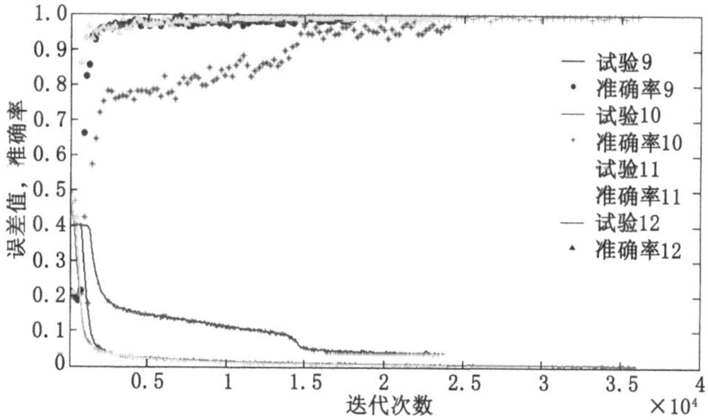

图 5-9　试验 9～12 试验结果

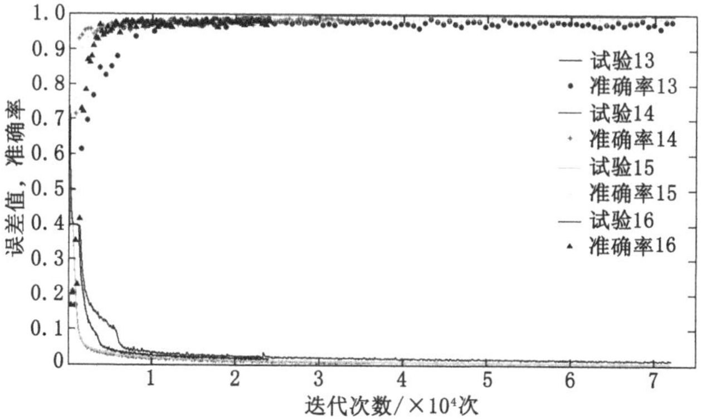

图 5-10　试验 13～16 试验结果

式见式(5-2)。试验 1 至试验 16 的准确率列于表 5-16。

$$X_i = \mathrm{Average}(\mathrm{Accuracy}_i(91:100)) \tag{5-2}$$

式中　X_i ——第 i 次试验的卷积神经网络识别准确率；

$\mathrm{Accuracy}_i$ ——第 i 次试验时记录每个 Epoch 训练后的网络在验证集上的分类准确率；

$\mathrm{Average}(\cdot)$ ——计算平均值的函数。

对于无约束最优化问题：$f(A)\ \min\limits_{A\in D} f(A)$，$A$ 为自变量，D 为参数搜索区域。显然，理想的迭代收敛准则见式(5-3)。

$$\| A^{(k)} - A^{(\min)} \|_p \leqslant \varepsilon \left| f(A^{(k)}) - f(A^{(\min)}) \right| \leqslant \varepsilon_1 \tag{5-3}$$

式中　$A^{(k)}, A^{(\min)}$ ——收敛问题的第 k 次迭代点和极小点；

$f(A^{(k)}), f(A^{(\min)})$ ——目标函数在点 $A^{(k)}, A^{(\min)}$ 处的函数值；

$\varepsilon, \varepsilon_1$ ——控制收敛精度的小正数。

针对本章的卷积神经网络收敛问题，A 为网络结构中各层的参数；$f(A)$ 为损失函数。$\|\cdot\|_p$ 表示 p- 范数($p=1,2,\cdots$)。然而，这个理性的收敛准则是不实际的，原因是 $A^{(\min)}$ 为待求的值。常用的算法收敛准则如下。

准则 1　当相邻两次自变量的迭代结果相差足够小时，即

$$\| A^{(k+1)} - A^{(k)} \|_p \leqslant \Delta_1 \tag{5-4}$$

或者

$$\frac{\| A^{(k+1)} - A^{(k)} \|_p}{\| A^{(k)} \|_p} \leqslant \Delta_2 \tag{5-5}$$

时，算法达到收敛。

准则 2　当相邻两次迭代点处函数值的下降量足够小时，即

$$\left| f(A^{(k+1)}) - f(A^{(k)}) \right| \leqslant \Delta_3 \tag{5-6}$$

或者

$$\frac{\left| f(A^{(k+1)}) - f(A^{(k)}) \right|}{f(A^{(k)})} \leqslant \Delta_4 \tag{5-7}$$

时，算法达到收敛。其中，$\Delta_1, \Delta_2, \Delta_3, \Delta_4$ 是预设的充分小的正数，用于控制算法收敛的计算精度。

若采用准则 1，则需要记录每次迭代过程中的卷积神经网络的参数值，这样将占用大量的存储空间。然而通过观察收敛曲线可以发现：在未达到最终收敛前，出现了短暂的训练驻停现象，如图 5-11 所示。

针对这种现象，若完全按照收敛准则 2 将会导致错误的判断。通过观察还发现：收敛曲线具有一定的波动，若仅考察相邻两次误差值，则不能准确判断收敛情况。因此，提出混合收敛判断准则，即首先判断误差值是否小于预设阈值 σ

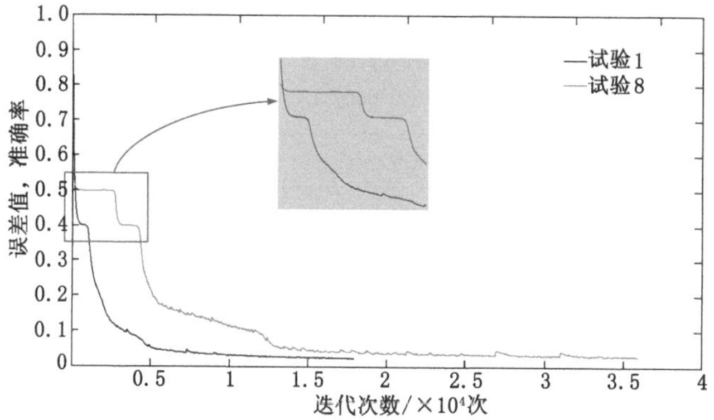

图 5-11　试验 1 和试验 8 收敛曲线

[式(5-8)]，即误差值判断。之后通过考察第 $i\sim(i-200)$ 次迭代误差值的平均值与第 $(i-201)\sim(i-401)$ 次迭代误差值的平均值，来判断是否收敛[式(5-9)]，即平均值收敛判断。

$$f(A^{(k)})\leqslant\sigma \tag{5-8}$$

$$\frac{1}{200}\left|\sum_{k=i}^{i-200}f(A^{(k)})-\sum_{k=i-201}^{i-401}f(A^{(k)})\right|\leqslant\varepsilon \tag{5-9}$$

具体判断流程如图 5-12 所示。

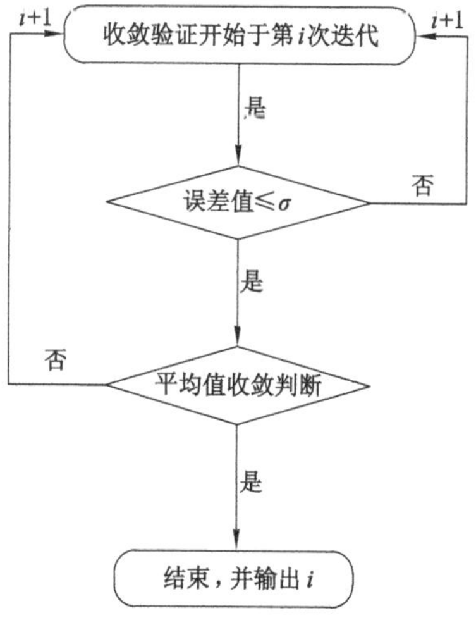

图 5-12　收敛判断准则

表 5-16　试验结果提取

试验编号	准确率/% ($x=X/10$)	达到收敛的迭代次数 ($y=Y/1\ 000$)	每个 Epoch 的运行时间(s) ($z=Z/100$)
1	9.82	6.41	1.81
2	9.82	10.84	1.99
3	9.83	4.79	5.57
4	9.89	3.68	4.10
5	9.74	6.04	3.64
6	9.65	12.31	2.24
7	9.68	32.78	3.67
8	9.68	14.33	2.76
9	9.85	4.65	3.46
10	9.61	16.34	2.55
11	9.94	3.20	5.99
12	9.94	3.46	5.81
13	9.78	7.17	2.39
14	9.86	3.63	3.69
15	9.92	2.83	6.46
16	9.83	4.87	1.87

注：表格中的数据处理，如 $x=X/10$，$y=Y/1\ 000$，是为了简化计算，但是不影响计算结果。

5.6　卷积神经网络超参数正交试验结果分析

5.6.1　直观分析

对正交试验结果的分析，通常采用两种方法：直观分析法和方差分析法。

直观分析法，简单易懂，实用性强，应用广泛。本小节采用直观分析法对试验结果进行分析。利用正交试验所得到的数据(表 5-16)，计算极差，并确定因素的主次顺序。计算结果见表 5-17。

表 5-17　试验结果直观分析表

因素		卷积核尺寸(A)	学习率(B)	Batchsize(C)
准确率 x	K_1	38.62	39.07	39.28
	K_2	39.25	39.26	39.34
	K_3	39.35	39.26	39.12
	K_4	39.63	39.26	39.21
	k_1	9.66	9.77	9.82
	k_2	9.81	9.82	9.84
	k_3	9.84	9.82	9.78
	k_4	9.91	9.81	9.80
	极差 R	0.25	0.05	0.06
	因素主次顺序	A、C、B		
	最优方案	A_4 C_2 B_3(准确率越高越好)		
达到收敛的迭代次数 y	K_1	75.76	54.45	54.24
	K_2	29.29	29.63	32.00
	K_3	17.20	23.64	30.71
	K_4	14.28	29.56	28.16
	k_1	18.94	13.61	13.56
	k_2	7.32	7.41	8.00
	k_3	4.30	5.91	7.68
	k_4	3.57	7.39	7.04
	极差 R	15.37	7.70	6.52
	因素主次顺序	A、B、C		
	最优方案	A_4 B_3 C_4(迭代次数越少越好)		
每个Epoch的运行时间	K_1	11.22	14.87	16.62
	K_2	8.06	14.45	14.43
	K_3	14.89	14.26	13.87
	K_4	23.83	14.42	13.08
	k_1	2.81	3.72	4.16
	k_2	2.02	3.61	3.61
	k_3	3.72	3.56	3.47
	k_4	5.96	3.61	3.27
	极差 R	3.94	0.15	0.89
	因素主次顺序	A、C、B		
	最优方案	A_2 C_4 B_3(运行时间越短越好)		

在本次分析中，因素的主次顺序如下：

(1) 准确率：A、C、B。

(2) 达到收敛时的迭代次数：A、B、C。

(3) 每个 Epoch 的运行时间：A、C、B。

对于所有考察指标，因素 A 的极差都最大。对于达到收敛的迭代次数和每个 Epoch 的运行时间，B 和 C 两个因素的极差 R 相差不大。而每个 Epoch 的运行时间在所有的考察指标中，对卷积神经网络的性能影响最弱，因此综合考虑，三个因素的主次顺序为 A、B、C。

关于最优方案的确定，直观起见，画出因素与指标的趋势图，如图 5-13 所示。按照极差与指标趋势图确定各因素的最优水平组合如下：

(1) 对于准确率来说：$A_4C_2B_3$。

(2) 对于达到收敛的迭代次数来说：$A_4B_3C_4$。

(3) 对于每个 Epoch 的运行时间来说：$A_2C_4B_3$。

由此可以看出：对于 3 个考察指标来说，A 均为主要因素。因素 A 的第二个水平使运行时间达到了最小。由于运行时间在卷积神经网络训练过程中不属于主要指标，故选取 A_4。由于因素 B 的第三个水平，对于 3 个考察指标来说都是最优的，因此毫无疑问选取 B_3 为最优的水平条件。对于准确率来说，因素 C 是较主要因素，且以 C_2 为优。尽管对于每个 Epoch 的运行时间和达到收敛的迭代次数来说，因素 C 的第四个水平是较优的，但是考虑到准确率为主要考察指标，因此选取 C_2 为最优的水平条件。

由试验结果直观分析表 5-17 可知：不同超参数对卷积神经网络的性能影响程度各不相同。综合分析后，卷积神经网络超参数最优水平组合为 $A_4B_3C_2$。

5.6.2 卷积神经网络超参数优化结论验证

通过前面的分析，已经得到了影响卷积神经网络准确率、达到收敛的迭代次数以及每个 Epoch 的运行时间的主次因素，并得到了最优水平组合。根据试验结果(表 5-16)可知：16 组试验中，准确率最高的是试验 11 和试验 12。由于试验 11 的迭代次数较少，因此，将试验 11 的收敛曲线与由综合平衡指标得到的最优水平组合的收敛曲线进行对比，如图 5-14 所示。通过观察可知：最优水平组合试验训练出的卷积神经网络的分类准确率的确相对高一些，并且收敛速度也相对快一些。提取最优水平组合试验的结果并与试验 11 的试验结果进行对比，见表 5-18。尽管每个 Epoch 的运行时间相对长一些，但是最优水平组合试验达到收敛的迭代次数相对试验 11 少，因此总的训练时间也会减少。故确定卷积神经网络超参数水平组合 $A_4B_3C_2$ 为最优水平组合，即当卷积神经网络的超参数选取

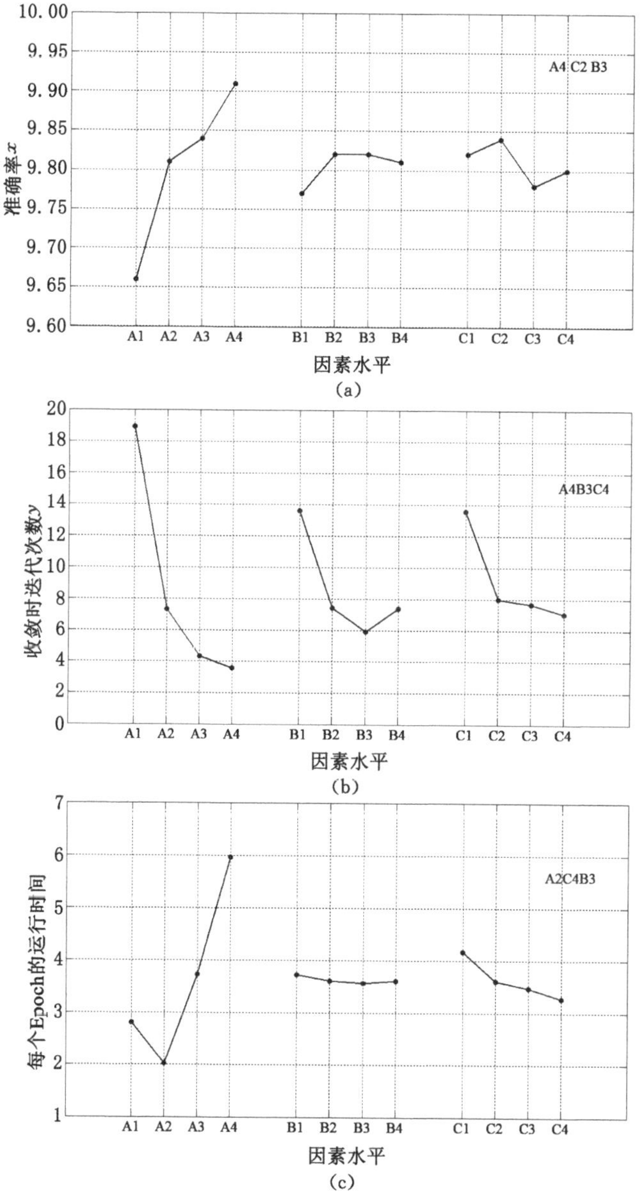

图 5-13　因素与指标趋势图

卷积核尺寸为 9×9、学习率为 0.75、Batchsize 为 50 时，卷积神经网络的性能最佳。

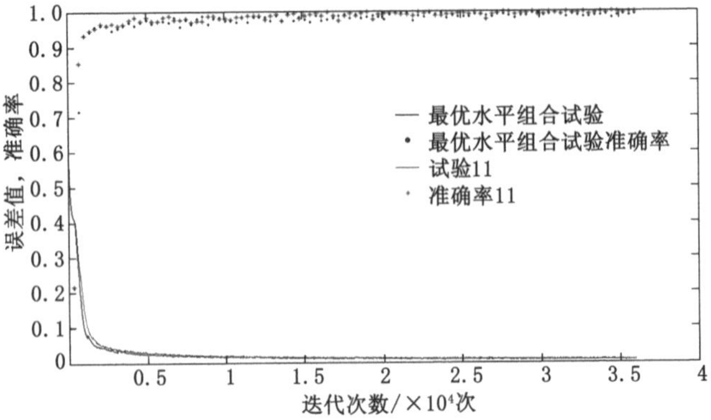

图 5-14　最优水平组合试验与试验 11 对比图

表 5-18　优化前后试验结果对照表

考察指标	分类准确率/%	网络达到收敛的迭代次数/次	完成一个 Epoch 训练所需的时间/s
最优水平组合试验	99.53	3 198	610.34
试验 11	99.37	3 203	599.58

5.7　本章小结

本章在收集了大量路面三维病害图像的基础上，提出了基于卷积神经网络的沥青路面病害图像分类方法。结合当前关于卷积神经网络超参数的研究热点，以卷积核尺寸、学习率和 Batchsize 3 个超参数为试验因素，设计了 3 因素 4 水平正交试验。通过对试验结果分析得出：当卷积核尺寸为 9×9、学习率为 0.75、Batchsize 为 50 时，卷积神经网络的性能达到最佳。此时卷积神经网络对路面病害图像分类的准确率高达 99.5%。具体的研究内容如下：

(1) 为卷积神经网络的训练建立了路面三维图像训练库。人工随机选取 1 000 张来自不同采集时间、采集地点的路面病害图像，并将每张图像均分为 32 张小图像。在 32 000 张小图像中，根据沥青路面裂缝种类，人为地将图像分为纵向裂缝、横向裂缝、块状裂缝、龟裂或无裂缝图像，并将每张图像标定一个特有向量以表明其所属种类。

(2) 搭建了适用于沥青路面病害图像分类的卷积神经网络结构。为研究卷积神经网络的超参数提供条件，提出了 4 种卷积神经网络结构。其区别是输入图像尺寸略有差异，以及卷积核尺寸不同。

(3) 针对卷积核尺寸、学习率和Batchsize 3个卷积神经网络中的超参数，设计了3因素4水平正交试验。试验的考察指标选为网络识别准确率、达到收敛的迭代次数以及每个Epoch的运行时间。根据SPSS生成的正交试验表进行了16组试验，并提取试验结果。在提取达到收敛的迭代次数指标时，提出了混合收敛判断准则。实践证明该收敛判断准则适用于本次试验结果的提取。

(4) 通过对正交试验结果的直观分析，得出了各个因素对不同考察指标的主次影响顺序。同时得到了最优超参数水平组合，即卷积核尺寸为9×9、学习率为0.75、Batchsize为50。经过验证得出该最优超参数水平组合的沥青路面病害图像识别准确率达到99.5%。

第6章 沥青路面裂缝病害提取方法

6.1 引言

基于路面三维数据的裂缝分割问题属于数字图像处理领域图像特征提取范畴,在数字图像处理领域和机器视觉领域都占据着重要的位置。准确地提取路面裂缝是实现自动图像分析时必须完成的步骤,也是实现路面病害自动化检测的必要环节。同时,路面裂缝的提取也是更高级图像理解的前提。

常见的沥青路面病害有裂缝、车辙、坑槽、路面集料松散和波浪拥包等。图 6-1 将常见的路面表面病害归结为五种形态,图中 w 为病害发生的宽度,d 为病害发生的深度。裂缝病害通常为狭长的线状沟槽,其宽深比远小于 1,与图 6-1(a)所示形态相对应。坑槽由面层集料的部分损失造成,通常表现为小面积的局部路面损坏,其宽深比接近 1,与图 6-1(b)所示形态相对应。沥青路面松散,表现为路面脱皮、露骨,并伴随着小坑洞等现象,其病害发生的宽深比大于 1,因此与图 6-1(c)所示形态相对应。车辙是在车辆荷载作用下产生的路面永久变形,常发生在轮迹带处,其宽深比远大于 1,与图 6-1(d)所示形态相对应。波浪拥包是路面在沿行车方向上形成的横向波浪形的涌起,其表现形式如图 6-1(e)所示。

不同的沥青路面病害的宽深比对路面检测系统提出了挑战。路面裂缝的宽深比最小,要求检测系统的三维精度最高;坑槽和松散的宽深比较大,要求检测系统的三维精度次之;车辙的宽深比最大,对检测系统的三维精度要求最低。本书研究所采用的路面三维检测系统采用高精度的三维激光检测技术,可以满足不同尺度时的检测精度要求。沥青路面裂缝病害提取仅针对宽深比接近 1 或小于 1 的情况,即路面三维图像中的高频信息。本章所研究的沥青路面病害图像均生成于路面三维检测系统。不同种类裂缝的三维图像如图 6-2 所示,观察可知:图像中裂缝病害处的深度值相对其邻域的深度值较低,其形态为狭长的线状沟槽。由路面三维数据可知路面裂缝的特点为:部分裂缝段的对比度低、连续性差、有分叉以及形态不规则。因此沥青路面裂缝病害提取的问题,便可以转化为路面三维图像的线状沟槽识别的过程。

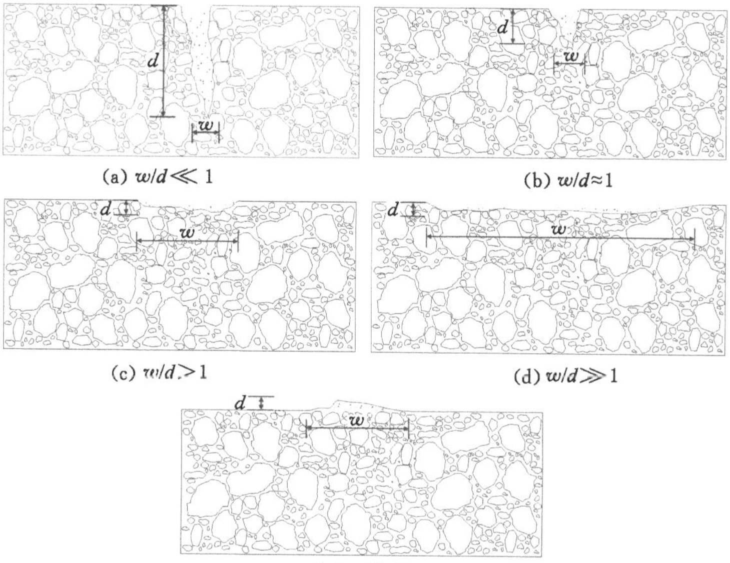

(a) $w/d \ll 1$　　(b) $w/d \approx 1$

(c) $w/d > 1$　　(d) $w/d \gg 1$

(e) $w/d < 0$

图 6-1　沥青路表可见病害示意图

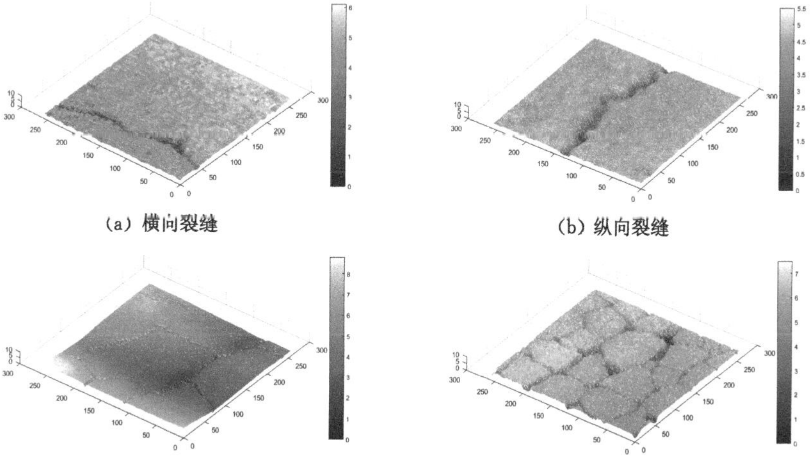

(a) 横向裂缝　　(b) 纵向裂缝

(c) 块状裂缝　　(d) 龟裂

图 6-2　路面裂缝三维图像

根据路面裂缝图像的特点，本章的主要研究内容为：

首先，基于第 3 章和第 5 章的研究成果，针对每种病害图像（包括非病害图像）设计了一套完整的可调式匹配滤波器（steerable matched filter bank,

SMFB)用于提取路面病害图像中不同角度、不同尺度的裂缝信息，并以二值图像的形式表达出来。在此过程中，利用第 5 章路面病害图像分类结果，SMFB 仅作用于存在裂缝病害的图像上。采用这种方式可有效降低路面裂缝病害提取算法的运算时间，提高算法运行效率。

其次，由于基于 SMFB 的提取结果往往受到路面铺装材料的颗粒纹理或少量路面三维数据噪声的影响，其裂缝提取结果经常含有大量的点状噪声。由于路面裂缝的形态多为空间线性目标，因此剔除会造成误判的点状噪声的同时，还要增强路面裂缝信息的线状特征。因此，本章提出了基于张量投票算法的路面裂缝增强技术。

最后，通过二值图像后处理方法，消除误判裂缝信息，获得准确、完整的路面裂缝病害图像，并通过 200 张路面病害图像测试整套算法的准确率、召回率和 F 值。

6.2 基于 SMFB 的路面裂缝提取

早在 1991 年，可调式滤波器（steerable filter）由 W. T. Freeman 和 E. H. Adelson[164] 首次提出。该种滤波器可作为一系列线性组合滤波器的基础，由于其计算简单、高效，通常用于数字图像中线状的狭长凸起或沟槽的提取[165]。本章采用高斯二阶导数为 SMFB 的基础滤波器形式，其计算方法如式(6-1)所示。

$$\begin{cases} g_{xx}(x,y) = \dfrac{(x^2-\sigma^2)\mathrm{e}^{-(x^2+y^2)/(2\sigma^2)}}{\sqrt{2\pi}\sigma^5} \\ g_{yy}(x,y) = \dfrac{(y^2-\sigma^2)\mathrm{e}^{-(x^2+y^2)/(2\sigma^2)}}{\sqrt{2\pi}\sigma^5} \\ g_{xy}(x,y) = g_{yx}(x,y) = \dfrac{xy\,\mathrm{e}^{-(x^2+y^2)/(2\sigma^2)}}{\sqrt{2\pi}\sigma^5} \end{cases} \tag{6-1}$$

$$f(\sigma,\theta) = g_{xx}\cos^2\theta + 2g_{xy}\cos\theta\sin\theta + g_{yy}\sin^2\theta \tag{6-2}$$

式中，θ 为滤波器的方向，且 $\theta \in [-\pi/2, \pi/2]$；参数 σ 决定了高斯滤波器的宽度。

由式(6-2)生成的大小为 201×201 的滤波器如图 6-3 所示，图 6-3(a)为三维网格化视图，图 6-3(b)为强度映射图。由此可以看出：通过改变滤波器的方向与宽度，便可以与沥青路面不同种的裂缝形式相匹配。

本章将由可调式滤波器组成的具有匹配裂缝形态功能的滤波器组合称为可调式匹配滤波器组合(SMFB)。表 6-1 列举了 SMFB 中 52 个由不同的尺寸、宽度 σ 和方向 θ 生成的子滤波器。图 6-4 为 SMFB 中所有滤波器的强度映射图。

(a)　　　　　　　　(b)

图 6-3　二维高斯滤波器($\theta=0°,\sigma=50$)

表 6-1　SMFB 子滤波器构成

滤波器编号	滤波器尺寸	滤波器宽度 σ	滤波器方向 θ
1～13	21×21	3	$-90°,-75°,-60°,\cdots,90°$
14～26	21×21	5	$-90°,-75°,-60°,\cdots,90°$
27～39	31×31	7	$-90°,-75°,-60°,\cdots,90°$
40～52	31×31	9	$-90°,-75°,-60°,\cdots,90°$

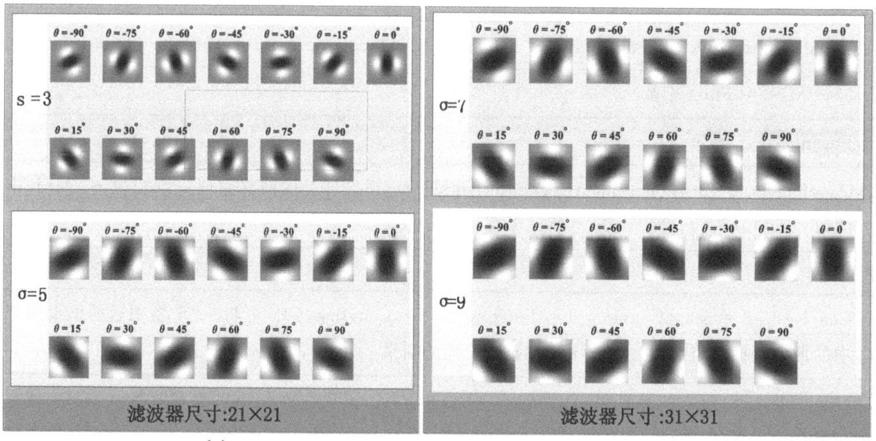

(a)　　　　　　　　(b)

图 6-4　SMFB 滤波器

应用 SMFB 中的每个滤波器与经过第 3 章预处理过的图像进行卷积计算，在每个像素处只保留最大相应值，具体计算过程如下：

$$r_i(p;\sigma,\theta)=k_i(\sigma,\theta)\otimes V(p) \tag{6-3}$$

$$r^*(p)=\max r_i(p;\sigma,\theta) \tag{6-4}$$

$$R^*(p)=\begin{cases}1 & (r^*(p)>\text{thres})\\ 0 & (\text{其他})\end{cases} \tag{6-5}$$

式中 p——当前处理像素点的位置(x,y)；

$V(p)$——预处理后的路面三维图像；

$k_i(\sigma,\theta)$——第 i 个标准差为 σ、方向为 θ 的子滤波器；

$r_i(p;\sigma,\theta)$——子滤波器 $k_i(\sigma,\theta)$ 与路面三维图像 $V(p)$ 的卷积输出；

$r^*(p)$——所有子滤波器中的最大响应输出值；

$R^*(p)$——实时阈值分割后的二值图像；

thres——分割阈值。

表 6-2 为上述过程的伪代码。

表 6-2 基于 SMFB 的沥青路面裂缝病害提取伪代码

算法名称：基于 SMFB 的沥青路面裂缝病害提取
1：输入：预处理后的沥青路面三维图像
2：输出：沥青路面裂缝二值图像
3：PavementImg←预处理后的沥青路面三维图像
4：InitializeFilterBank//初始化 SMFB
5：N←SMFB 中 Filter 个数
6：For int i = 1 to N
7：ConvImg(i) = convn(PavementImg,FilterBank(i))//预处理后的沥青路面三维图像与 SMFB 中的第 i 个 Filter 进行卷积计算，并将结果存入 ConvImg(i)
8：End For
9：ConvResImg = max(ConvImg(1),ConvImg(2),…,ConvImg(52))//将 52 个卷积后的结果图像中的最大值提取出来作为 SMFB 提取路面裂缝的结果
10：BinaryImg = find(ConvResImg,thres)//将 ConvResImg 中大于 thres 的像素赋值为 1，其他像素赋值为 0
11：算法结束

经过 SMFB 提取的沥青路面裂缝图像如图 6-5 所示。由于受复杂的路面纹理特征等因素的影响，一些非裂缝区域也会产生较大的响应，导致因噪声等而出现误判。除此以外，一些裂缝对比度很低，使得滤波器在该处的响应小于所设置的阈值，使得检测出的裂缝具有不连续性。因此，为了提高算法准确率，需对上述检测结果做进一步处理。

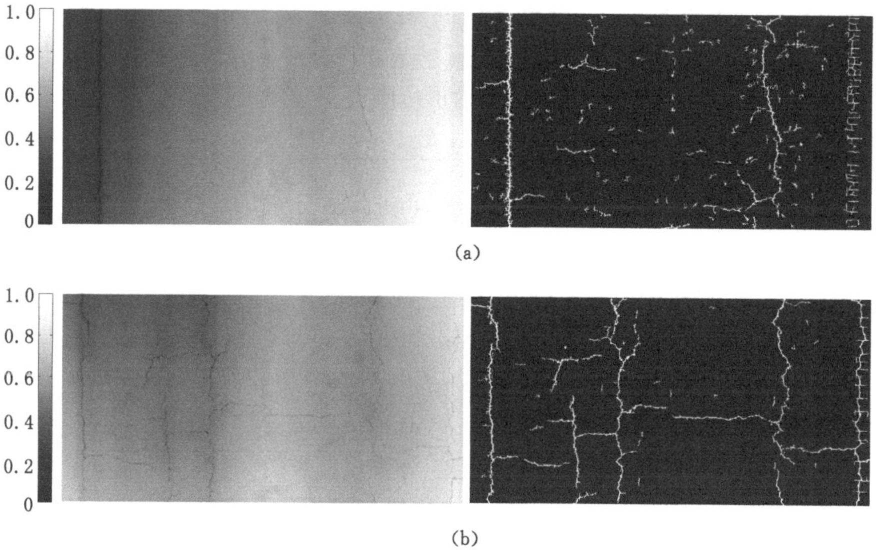

图 6-5　基于 SMFB 的沥青路面裂缝提取结果

6.3　基于张量投票法的沥青路面裂缝图像增强

6.3.1　张量分析的基础知识

张量概念是向量概念的推广，有着明确的数学定义。为了方便后续章节的表述，本小节简要介绍张量的基础知识，若需要更详尽的推导过程请参看文献[166]和[167]。

6.3.1.1　张量的定义

设 V 是一个 n 维的实向量空间，$L(V;\mathbb{R})$ 表示从 V 到实数集 $\mathbb{R}$ 的线性函数空间，那么，$L(V;\mathbb{R})$ 与 V 具有相同的维数 n，并且 $L(V;\mathbb{R})$ 和 V 是同构的。一般 $L(V;\mathbb{R})$ 也被称为 V 的对偶空间 (V^*)。

若 $V_1,\cdots,V_s$ 都是向量空间，一个函数 $A:V_1\times\cdots\times V_s\rightarrow\mathbb{R}$ 应当满足式(6-6)的条件：

$$A(v_1,v_2,\cdots,a_1^i v_i^1+a_2^i v_i^2,\cdots,v_s)=a_1^i A(v_1,\cdots,v_i^1,\cdots,v_s)+a_2^i A(v_1,\cdots,v_i^2,\cdots,v_s)$$
$$(\forall a_1^i,a_2^i\in\mathbb{R},\forall v_1^i,v_2^i\in V_i,i=1,\cdots,s) \tag{6-6}$$

则称函数 A 为重线性函数。若向量空间 $V_1 \times \cdots \times V_s$ 为向量空间 V，或者为其对偶空间 V^*，称 A 为 V 上的一个张量。于是，V 上的 (p,q) 阶张量（p 和 q 均为正整数）为一个 $p+q$ 重线性函数，如式(6-7)所示。

$$A: \underbrace{V \times \cdots \times V}_{p} \times \underbrace{V^* \times \cdots \times V^*}_{q} \to \mathbb{R} \tag{6-7}$$

当 $p=q=0$ 时，A 为 $(0,0)$ 型张量，也就是 $\mathbb{R}$ 中的一个标量；$(p,0)$ 型张量称为 p 阶协张量，$(0,q)$ 型张量称为 q 阶逆变张量。除此以外的张量称为混合张量，一般 (p,q) 型张量称为 $p+q$ 阶张量。用 V_p^q 表示全体 V 上的 (p,q) 阶张量所构成的空间，它是一个 n^{p+q} 维的线性空间，以式(6-8)为基底。其中，$e_{i1},\cdots,e_{ip}$ 为 V 的基，$e_{j1}^*,\cdots,e_{jq}^*$ 为 V^* 基。

$$e_{i1} \otimes \cdots \otimes e_{ip} \otimes e_{j1}^* \otimes \cdots \otimes e_{jq}^* \tag{6-8}$$

如果将向量看成一维的“表格”，把矩阵看成二维的“表格”，那么 n 阶张量就可以看成 n 维的“表格”。若从几何角度来讲，张量具有实际的几何意义，且它是一个不随参照系的坐标变换而变化的几何量。在同构意义下，零阶张量为标量，一阶张量为向量，二阶张量为矩阵。

6.3.1.2 张量的性质

设 X 和 Y 为两个等阶张量，$\forall c \in \mathbb{R}$，$\forall v \in \mathbb{R}$，张量的主要代数运算性质有：

(1) 张量 X 和 Y 相等当且仅当

$$X \cdot v = Y \cdot v \tag{6-9}$$

(2) 张量 X 和 Y 的加法、数乘及点乘运算满足式(6-10)。

$$\begin{cases} (X+Y) \cdot v = (X \cdot v + Y \cdot v) \\ (cX) \cdot v = c(X \cdot v) \\ (X \cdot Y) \cdot v = X \cdot (Y \cdot v) = X \cdot Y \cdot v \end{cases} \tag{6-10}$$

6.3.1.3 张量的分解

张量可以由其对基向量的作用所决定。假设 $(e_i)(i=1,\cdots,n)$ 为 $\mathbb{R}^n$ 的正交基，若 T 为 $\mathbb{R}^n$ 上的二阶张量，令：

$$t_{ij} = e_i \cdot T \cdot e_j \tag{6-11}$$

为 T 在笛卡儿坐标系中的 $n \times n$ 个分量，则有：

$$u \cdot T \cdot v = u_i t_{ij} v_j = u \cdot (t_{ij} e_i e_j) \cdot v \quad (\forall u, v \in \mathbb{R}^n) \tag{6-12}$$

从而 $T = t_{ij} e_i e_j$ 成立，说明任何一个二阶张量都能表示一个并矢展开式，其分量又可以形成一个方阵 T：

$$T=\begin{bmatrix} t_{11} & t_{12} & \cdots & t_{1n} \\ t_{21} & t_{22} & \cdots & t_{2n} \\ \vdots & \vdots & & \vdots \\ t_{n1} & t_{n2} & \cdots & t_{nn} \end{bmatrix} \tag{6-13}$$

例如，当 $n=3$ 时，若 T 为 $\mathbb{R}^3$ 上的二阶张量，则 T 在笛卡儿坐标系中有 9 个分量，这些分量便可以形成一个 3×3 的方阵：

$$T=\begin{bmatrix} t_{11} & t_{12} & t_{13} \\ t_{21} & t_{22} & t_{23} \\ t_{31} & t_{32} & t_{33} \end{bmatrix} \tag{6-14}$$

实际上二阶张量在一般坐标系中对应 4 种分量，每种都包含 $n\times n$ 个分量，但是在笛卡儿坐标系中这 4 种分量对应同一个矩阵。因此，在笛卡儿坐标系中分析问题时，可以称为二阶张量对应于一个矩阵，其在张量空间中的一些性质可以与矩阵论的一些已知结论对应上。

6.3.1.4 二阶张量及其特征向量表示

假设 $\boldsymbol{T}$ 是一个二维欧氏空间中的二阶张量，若有式(6-15)成立，则称 λ 为 $\boldsymbol{T}$ 的特征值，$\boldsymbol{v}$ 为相应的特征向量。

$$\boldsymbol{T}\cdot\boldsymbol{v}=\lambda\boldsymbol{v} \quad (\lambda\in\mathbb{R},\boldsymbol{v}\in\mathbb{R}^n) \tag{6-15}$$

如果有非零向量对应特征值 $\lambda=0$，则称 T 为奇异的。非奇异张量 T 有其逆 T^{-1} 满足式(6-16)。

$$\boldsymbol{T}\cdot\boldsymbol{T}^{-1}=\boldsymbol{T}^{-1}\cdot\boldsymbol{T}=\boldsymbol{I} \tag{6-16}$$

其中 $\boldsymbol{I}$ 为恒等张量，或称为度量张量。例如，对于并矢张量 $\boldsymbol{D}=\boldsymbol{e}^{\mathrm{T}}\boldsymbol{e}$，其中 $\boldsymbol{e}$ 为单位化的向量，可以证明与 $\lambda=1$ 所对应的特征向量平行于 $\boldsymbol{e}$，与 $\lambda=0$ 所对应的特征向量垂直于 $\boldsymbol{e}$。

6.3.2 基于张量投票算法的二值图像裂缝增强

张量投票算法是由 G. Guy 和 G. Medioni[168] 提出的一种视觉聚类算法。该算法由德国的 Gestalt 心理学派提出的视觉认知的 Gestalt 法则发展而来。这些法则主要包括临近性、连续性、相似性等。在现代计算机视觉领域，张量投票算法已成为推断曲线结构[169]、连接离散数据[170]、提取线性结构和曲线结构[171]的有效方法，并逐渐形成了“知觉组织”(perceptual orgnization)这一研究方向。张量投票算法将张量代数与 gestalt 法则结合提取空间显著结构特征。首先通过张量丰富数据基元(primitives)信息，并在一种“投票”的运算中将 Gestalt 法则嵌入进去。此处所谓的“投票”是指运用投票场(voting field)建立基元与基元之间的联系，然后以场强的空间线性叠加实现张量基元之间的信息传递与积累。

观察图 6-5 发现：处理结果中含有大量孤立的噪声点群。由于有些噪声点群属于裂缝的一部分，有些噪声点群是裂缝边缘的延伸，因此，如果直接删除所有噪声点群将会导致识别结果的召回率降低。此外，根据先验知识和工程经验可知：裂缝出现间断的主要原因是滤波器对低对比度裂缝像素的响应较小，因此噪声点群之间，以及噪声点群与裂缝之间的未识别区域为裂缝像素的可能性很大。裂缝对应的像素具有线性聚集特征。本节利用裂缝区域与周围临近信息的相关性、连续性、邻近性，通过将路面病害二值图像张量表达后，进行稀疏和稠密两次张量投票，实现了将具有知觉导向性的邻近规则和连续规则用于路面裂缝二值图像的增强，提高了裂缝识别的准确性，为后续二值图像后处理做准备。

投票过程如下：

首先将一个二阶半正定对称张量 $\boldsymbol{T}$ 与路面裂缝二值图像中的每个像素相关联。张量 $\boldsymbol{T}$ 被映射为一个 2×2 矩阵，其特征值分别为 λ_1、λ_2，且满足 $\lambda_1\geqslant\lambda_2\geqslant0$。对应的特征向量分别为 $\boldsymbol{e}_1$ 和 $\boldsymbol{e}_2$。张量 $\boldsymbol{T}$ 可表示为：

$$\boldsymbol{T}=\lambda_1\boldsymbol{e}_1\boldsymbol{e}_1^{\mathrm{T}}+\lambda_2\boldsymbol{e}_2\boldsymbol{e}_2^{\mathrm{T}}=(\lambda_1-\lambda_2)\boldsymbol{e}_1\boldsymbol{e}_1^{\mathrm{T}}+\lambda_2(\boldsymbol{e}_1\boldsymbol{e}_1^{\mathrm{T}}+\boldsymbol{e}_2\boldsymbol{e}_2^{\mathrm{T}}) \tag{6-17}$$

式中　$(\lambda_1-\lambda_2)\boldsymbol{e}_1\boldsymbol{e}_1^{\mathrm{T}}$——细长的椭圆形棒张量；

$\lambda_2(\boldsymbol{e}_1\boldsymbol{e}_1^{\mathrm{T}}+\boldsymbol{e}_2\boldsymbol{e}_2^{\mathrm{T}})$——圆盘形的球张量。

使用球张量来估计路面裂缝二值图像中每个像素的裂缝曲线方向，即将通过上述滤波器检测出来的每个裂缝像素都被初始化为一个球张量 $\begin{pmatrix}1 & 0\\ 0 & 1\end{pmatrix}$，而非裂缝像素不参与此次投票。球张量投票主要是利用棒张量 Token 以一定角度间隔扩张 360°生成的张量场来实现的。投票后，每个裂缝像素的曲线主方向被确定，并将其设置为相应棒张量投票的方向。然后将获得的每个棒张量 Token 向图像中的所有像素（裂缝像素与非裂缝像素）进行棒张量投票；对于棒张量投票，假设 O 为原点位置，P 为投票位置，如图 6-6 所示。投票场可由一个衰减函数来定义：

$$\mathrm{DF}(s,k,\sigma)=\mathrm{e}^{-\left(\frac{s^2+ck^2}{\sigma^2}\right)} \tag{6-18}$$

式中　s——投票场中该 Token 到投票点的弧长；

k——曲率；

σ——投票尺度；

c——控制曲率衰减程度的参数，可表示为：

$$c=\frac{-16(\sigma-1)\log0.1}{\pi^2} \tag{6-19}$$

由于我们的目标是填充缝隙与加强裂缝连接，棒张量投票后，需提取稠密张

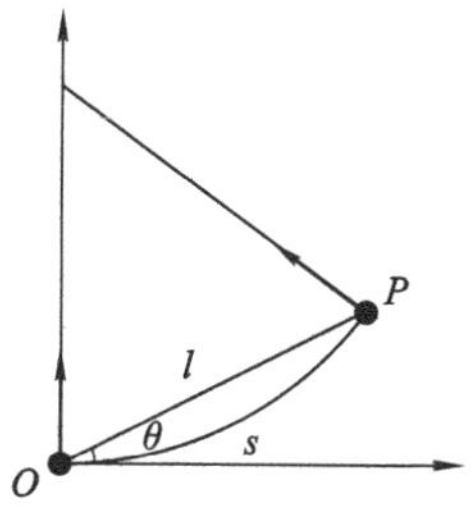

图 6-6　棒张量投票示意图

量图作为张量投票结果，其不同于常规张量投票形式[172]。最后，对稠密张量图与裂缝显著性图像执行逻辑或运算，得到连接后的裂缝图像。图 6-7 为所提出方法的整个流程。

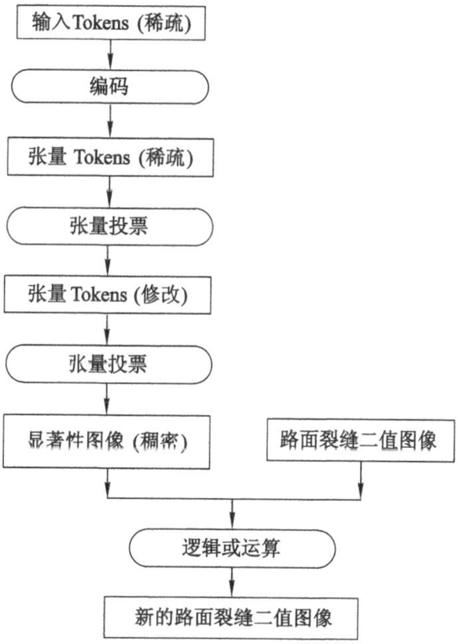

图 6-7　投票过程示意图

进行张量投票后，裂缝间隙被填充，保证了裂缝的连续性，如图 6-8 所示一些裂缝连接局部效果图。由图中虚线圆圈所标注的区域可知：距离较近的两个裂缝碎片被连接成一个整体，同时可以看出所提出的方法可连接两个较大的裂缝碎片，有着较好的连接效果。

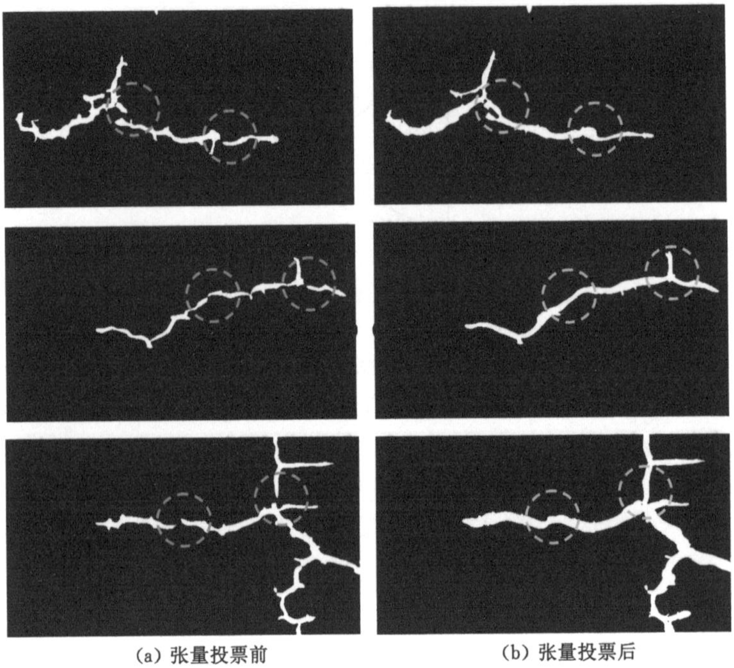

图 6-8 张量投票法连接裂缝实例

6.4 裂缝图像后处理

通过观察可知：一些孤立的非裂缝像素群或无规律的散点噪声仍然存在。这些非裂缝要素严重影响了算法的检测精度，因此需进行后处理以滤除噪声，优化最终的裂缝检测结果。在此过程中，像素数目小于 1 000 的连通域被视为噪声，予以删除。图 6-9 展示了处理后的最终结果。

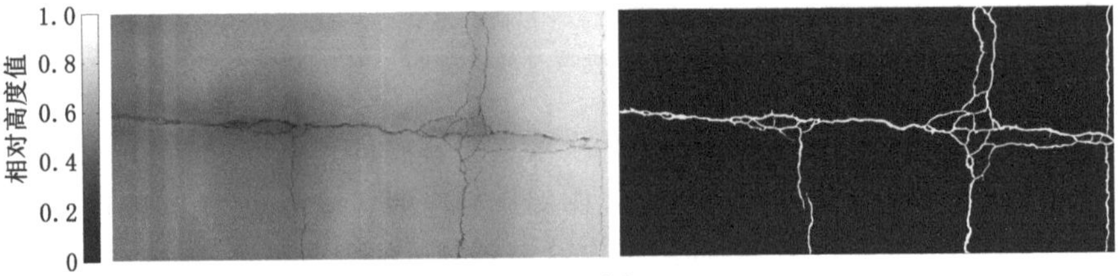

图 6-9 路面裂缝提取结果

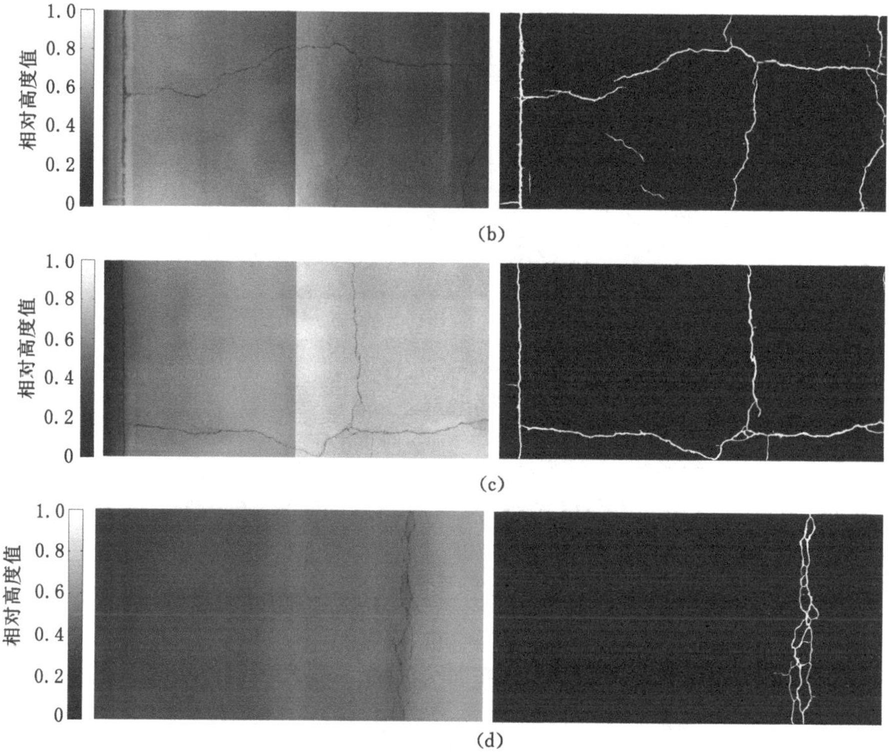

图 6-9(续)

图 6-10 为沥青路面裂缝病害图像与裂缝分类图像融合结果。图中将横向裂缝标记为“ ”，将纵向裂缝标记为“ ”，将块状裂缝标记为“ ”，将龟裂标记为“ ”，非裂缝区域不进行标记。

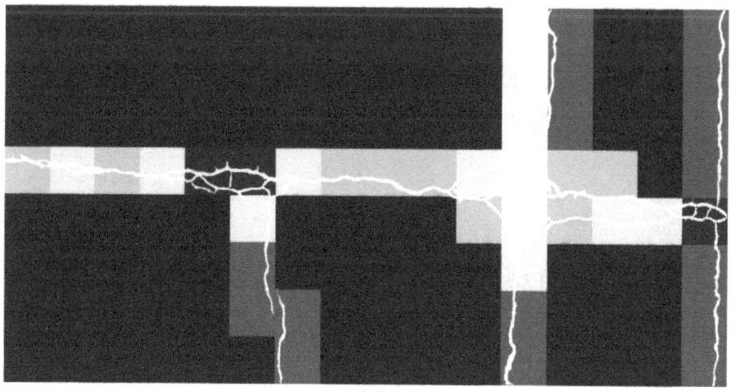

(a)

图 6-10　沥青路面裂缝病害提取图与分类结果融合图像

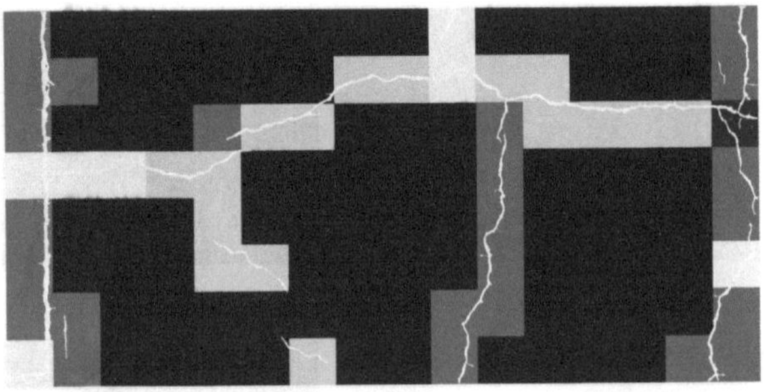

(b)

(c)

(d)

图 6-10(续)

6.5 试验结果

为了验证本章沥青路面裂缝病害提取的效果，对 200 幅三维路面图像进行测试，所选图像涵盖了不同路面、不同外部光照条件(白天与黑夜)以及 3 种不同严重程度的裂缝病害(没有裂缝或较少裂缝病害路面、中等数量裂缝病害路面、大量裂缝病害路面)等典型裂缝病害特征。从路面三维检测系统中获得的每幅沥青路面图像大小为 2 048 像素×4 096 像素，大致对应实际路面面积为 2 m×

4 m。本次研究应用的计算机配置为：英特尔酷睿 i7-6700T 处理器，主频为3.00 GHz，内存为 32 GB。算法的实现与测试过程均基于 MATLAB R2017a 平台。

本测试研究使用准确率、召回率与 F 值来评价算法性能。在信息检索领域(information retrieval，IR)，准确率-召回率分析的提出主要是作为一种度量搜索精度的重要标准[173]。其中，准确率测量检测或分割的准确度，召回率描述检测的完整性。而 F 值是一种综合性能评价指标，解决了准确率与召回率评价角度之间的冲突性。其具体计算方法如下：

$$\text{Precision}=\frac{\text{TP}}{\text{TP}+\text{FP}} \tag{6-20}$$

$$\text{Recall}=\frac{\text{TP}}{\text{TP}+\text{FN}} \tag{6-21}$$

$$\text{F-measure}=\frac{2\times\text{Precision}\times\text{Recall}}{\text{Precision}+\text{Recall}} \tag{6-22}$$

式中　Precision——准确率；

Recall——召回率；

F-measure——F 值；

TP——所检测出的像素为裂缝像素的数目，即真阳性(true positives)；

FP——所检测出的被误判为裂缝像素的非裂缝像素数目，即假阳性(false positives)；

FN——所检测出的被误判为非裂缝像素的裂缝像素数目，即假阴性(false negatives)。

真实裂缝二值图像(ground truth)通过以下两个步骤获得：

(1) 通过 A. Zhang 等[174]提出的算法对三维图像进行自动识别；

(2) 对由第一步得到的沥青路面裂缝检测结果进行人工校正，获得与实际相符的裂缝。在整个评价过程中，针对每张裂缝提取图像与真实裂缝图像进行像素级对比。

所有图像的测试结果如图 6-11 所示。由此可知：准确率在 84%与 97%的范围内变化，平均准确率为 88.38%；召回率在 85%～99%范围内变化，平均召回率为 93.15%；F 值在 85%～97%范围内变化，其平均值为 90.68%。测试结果表明本书算法能实现较高准确率的沥青路面裂缝自动提取，并具有较好的普适性。此外，由平均准确率稍小于平均召回率可以看出：有一部分非裂缝像素被误判为裂缝像素。产生该现象的原因主要是自动裂缝提取算法会把一些路面标线的边缘误检为路面裂缝。尽管如此，该算法的准确率与召回率均达到较高的水平，可以满足实际工程要求。

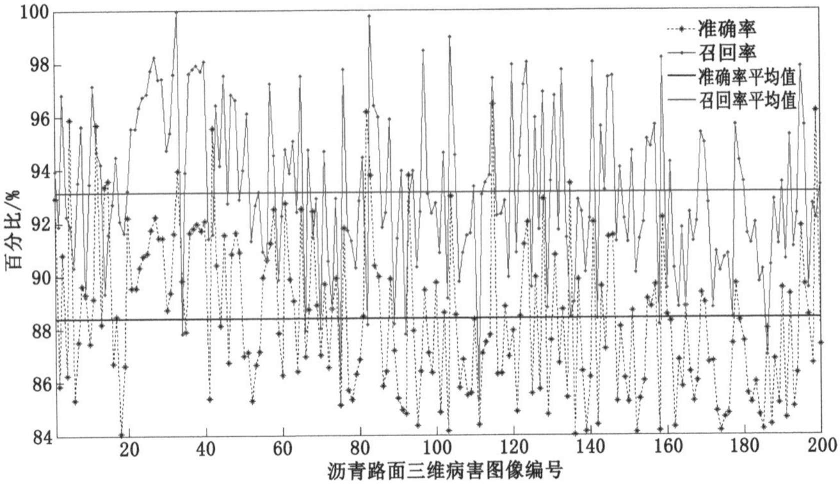

图 6-11　200 张图像提取结果的准确率与召回率

6.6　本章小结

准确的路面病害图像自动提取方法受到了国内外研究人员与工程技术人员的广泛关注与重视。对此，本章提出了一种新颖的三维沥青路面病害图像提取算法，经过测试证明该算法识别准确率较高，可以满足实际工程需求。

沥青路面裂缝病害提取算法主要包括四个部分：

(1) 基于第 3 章的路面三维图像预处理技术，对原始三维图像进行预处理。消除图像中的随机噪声，消除图形拼接过程中的阶跃，以及整张图像的动态范围调整，实现了降低图像复杂性，便于后续处理。

(2) 针对沥青路面三维图像中裂缝处数据特点，设计了可调式滤波器组合(SMFB)，并利用 SMFB 与三维沥青路面进行卷积计算，进而获得含有噪声的裂缝二值图像。

(3) 应用张量投票法对含有间隙的裂缝碎片进行连接，并与原路面裂缝二值图像进行逻辑或运算。

(4) 采用二值图像后处理方法，去除噪声得到裂缝二值图像。

结合第 5 章沥青路面病害图像的分类研究成果，将原始路面三维图像切分，提交已经训练完成的卷积神经网络，进行分类处理，并将分类结果与沥青路面病害图像提取结果进行信息融合，实现了沥青路面病害分类。

针对 200 张源自不同采集条件的沥青路面病害图像进行算法评估。评估结果显示：该算法的准确率在 84%～97%范围内变化，平均准确率为 88.38%；召回率在 85%～99%范围内变化，平均召回率为 93.15%；F 值在 85%～97%范围内变化，其平均值为 90.68%。测试结果表明：本书算法能够实现较高准确率的沥青路面裂缝自动提取，并具有较好的普适性。

在整个路面裂缝病害提取过程中，算法中的所有参数的取值都是固定的，没有人工干预算法的执行。也就是说，没有必要根据实际采集条件或三维路面图像的质量来调整算法中各个算数的设置。因此，该算法能够实现在无人工干预的情况下全自动化提取沥青路面裂缝，具有较高的鲁棒性。

就计算时间而言，张量投票法计算成本很高，每幅图像的处理需消耗 7.36 s。如果将该算法应用于实际工程，平行计算是解决耗时长的好方法。今后的工作将主要围绕这方面开展。

第7章　本书主要结论及展望

7.1　本书主要结论

随着路面自动化数据采集系统日臻完善，路面自动化检测技术的研究主要集中于两点：(1) 开发准确率高、效率高、实用的路面病害自动提取算法；(2) 对提取的路面病害区域进行精确分类。本书围绕开发快速、准确、有效的沥青路面裂缝自动识别算法这一目标，对路面三维图像进行预处理，基于卷积神经网络设计路面裂缝图像分类算法，利用可调式滤波器组合进行路面裂缝提取。

首先综述了国内外路面自动化病害数据采集系统的研究现状，并针对各类路面裂缝的自动识别与分类算法论述了其不足之处。通过总结归纳路面自动检测技术领域目前存在的问题，提出了本书的研究内容和技术路线。研究成果可为路面养护决策和路面技术状况评定提供数据基础，也可以为路面病害全自动化检测提供技术支持。主要研究结论如下：

(1) 系统介绍了三维激光检测技术及其在现代工业中的应用，为公路路面三维检测系统的设计与研发提供了大量的现实依据。详细阐明了激光三维扫描的原理，为路面三维检测系统的设计与研发提供了理论基础。完成了公路路面三维检测系统的总体设计，根据由硬件集成到最终路面性能评价的思路，介绍了3个不同研发阶段的研究内容。系统介绍了公路路面三维检测系统的各部分硬件组成及集成机制，重点阐明了各个传感器之间以及各个传感器与主控系统之间的数据传输的过程。采用高性能的计算机及CPU并行运算技术，实现了检测系统的数据高效传递与存储。为公路路面三维图像裂缝特征信息的提取提供了数据基础。

(2) 通过讨论路面图像增强算法的应用现状以及路面三维图像的特点，并指出既有的路面图像增强算法大多数不适用于路面三维图像。针对路面三维图像的特点，提出了图像阶跃消除、强点状噪声去除和图像动态调整范围调整算法。首先在判断左右半幅图像是否存在拼接问题的基础上，消除了图像高度值的阶跃现象。消除阶跃后的图像与5×5的二维高斯滤波器进行卷积计算后，再经过噪声阈值的判断，可有效消除路面三维图像中的孤立噪声点。最后，通过使用大尺寸二维高斯滤波使路面图像的动态范围位于靠近“零”值区域内。路面图像预处理算法降低了原始数据的缺陷对裂缝识别算法的不利影响，显著提高了图像质量。增强后的图像为准确且全面的裂缝识别奠定了基础。

(3) 基于现有人工神经网络的研究成果，介绍了多层神经元网络和卷积神经网络的相关理论。针对多层神经元网络的结构及训练过程，介绍了经典的前向传播算法与BP算法，涉及敏感度的计算与传递、学习率等。在此基础上，结合卷积神经网络的特点，详细介绍了卷积神经网络结构中的细节，例如卷积层、池化层及全连接层的设置，以及分类器的选取等。针对卷积神经网络训练方法，详细阐述了残差在不同层间传递的方式。

(4) 在收集了大量路面三维病害图像的基础上，提出了基于卷积神经网络的沥青路面病害图像分类方法。结合当前关于卷积神经网络超参数的研究热点，以卷积核尺寸、学习率和Batchsize 3个超参数为试验因素，设计了3因素4水平正交试验。分析试验结果得出：当卷积核尺寸为9×9、学习率为0.75、Batchsize为50时，卷积神经网络的性能最佳。此时卷积神经网络对路面病害图像分类的准确率高达99.5%。具体的研究结论如下：

① 为卷积神经网络的训练建立了路面三维图像训练库。人工随机选取1 000张来自不同采集时间、采集地点的路面病害图像，并将其平均分成32张小图像。在32 000张小图像中，根据沥青路面裂缝种类，人为地将每张图像分为纵向裂缝、横向裂缝、块状裂缝、龟裂或无裂缝图像，并将每张图像标定一个特有向量以表明其所属种类。

② 搭建了适用于沥青路面病害图像分类的卷积神经网络结构。为研究卷积神经网络的超参数提供条件，特提出4种卷积神经网络结构。其区别是输入图像尺寸略有差异，以及卷积核尺寸大小不同。

③ 针对卷积核尺寸、学习率和Batchsize 3个卷积神经网络中的超参数，设计了3因素4水平正交试验。试验的考察指标为网络识别准确率、达到收敛的迭代次数以及每个Epoch的运行时间。根据SPSS生成的正交试验表，进行了16组试验，并提取了试验结果。在提取达到收敛的迭代次数指标时，提出了混合收敛判断准则。实践证明该收敛判断准则适用于本次试验结果的提取。

④ 通过对正交试验结果的直观分析，得出了各个因素对不同考察指标的主次影响顺序。同时，得到了最优超参数水平组合，即卷积核尺寸为9×9、学习率为0.75、Batchsize为50。经过验证得出该最优超参数水平组合的沥青路面病害图像识别准确率高达99.5%。

⑤ 准确的路面病害图像自动提取方法受到国内外研究人员与工程技术人

员的广泛关注与重视。对此，提出了一种新颖的三维沥青路面病害图像提取算法。该算法包含四个主要部分：a. 基于第 3 章的路面三维图像预处理技术，对原始三维图像进行预处理。消除图像中的随机噪声，消除图形拼接过程中的阶跃，以及整张图像的动态范围调整，实现了降低图像复杂性，便于后续处理。b. 针对沥青路面三维图像中裂缝处数据特点，设计了可调式滤波器组合(SMFB)，并利用 SMFB 与三维沥青路面进行卷积计算，进而获得含有噪声的裂缝二值图像。c. 应用张量投票法对含有间隙的裂缝碎片进行连接，并与原路面裂缝二值图像进行逻辑或运算。d. 采用二值图像后处理方法，去除噪声得到裂缝二值图像。

结合第 5 章沥青路面病害图像的分类研究成果，将原始路面三维图像进行切分，提交给已经训练完成的卷积神经网络，进行分类处理，并将分类结果与沥青路面病害图像提取结果进行信息融合，实现了沥青路面病害分类。

针对 200 张源自不同采集条件的沥青路面病害图像进行算法评估。评估结果显示：该算法的准确率在 84％与 97％的范围内变化，平均准确率为 88.38％；召回率在 85％～99％范围内变化，平均召回率为 93.15％；F 值在 85％～97％范围内变化，其平均值为 90.68％。测试结果表明本书算法能实现较高准确率的沥青路面裂缝自动提取，并具有较好的普适性。

在整个路面裂缝病害提取的过程中，算法中的所有参数取值都是固定的，没有人工干预算法的执行。也就是说，没有必要根据实际采集条件或三维路面图像的质量来调整算法中各个参数的设置。因此，该算法能够实现在无人工干预的情况下，全自动化提取沥青路面裂缝，具有较高的鲁棒性。经过测试证明该算法识别准确率较高，可以满足实际工程需求。

7.2 展望

本书针对高精度路面三维图像的裂缝提取与分类展开了深入研究，并取得了一定的研究成果。由于路面病害图像的复杂性，所提出的基于卷积神经网络的路面裂缝分类方法和路面裂缝区域的提取等核心算法能够解决部分问题，一些算法优化和算法提速等问题还需要进一步予以解决。具体来说，还可以从以下几个方面开展更深入的研究：

(1) 本次研究所采用的路面三维图像，由我们所在科研团队经过多年开发而成的路面三维检测系统所提供。该系统采集到的路面三维图像具有独特的属性与特点，而本书所述的各类算法仅适用于该类图像。因此，若能获取其他路面检测系统的图像数据，便可将本书的部分研究成果应用其中，通过个别模块的改进，可以提高整套算法的通用性。

（2）目前关于神经网络的超参数研究受到了越来越多的学者的关注，本书只针对 3 个神经网络超参数，即学习率、卷积核尺寸和 Batchsize，进行了优化。然而神经网络的超参数还包括神经元个数、网络结构层数等，可以在下一步的研究中对其探索与优化。

（3）目前人工神经网络在图像分类中展示了强大的功能，但是近几年的深度学习前沿研究发现，人工神经网络在像素级精度的路面裂缝提取中也展示了巨大的潜能。接下来可以将神经网络对路面裂缝提取与分类结合在一起，探索构造复杂、分类功能齐全的神经网络模型。

（4）考虑到神经网络训练过程中的计算量巨大，应充分采用多核 CPU 和具备 CUDA 的 GPU 进行算法程序并行运算，缩短神经网络训练时间，节约试验成本。

（5）在两个方面扩充路面三维图像训练库：一是增加路面训练库中路面病害图像种类，如添加重度路面龟裂破损图像、重度路面块状裂缝破损图像以及其他市政路面中常见的非病害图像种类，如井盖图像、标线图像等；二是增加每种路面图像的个数，为后期大型神经网络的训练与测试做准备。

（6）就计算时间而言，张量投票法计算成本很高，每幅图像的处理时间需消耗 7.36 s。将该算法运用到实际工程中时，并行计算是解决这一问题的好方法。今后的工作将主要围绕该方面展开。

参考文献

[1] 上海市公路管理处. 公路沥青路面养护技术规范:J073.2—2001[S]. 北京:人民交通出版社,2001.

[2] 江苏省交通厅公路局. 公路水泥混凝土路面养护技术规范: J073.1—2001[S]. 北京:人民交通出版社,2001.

[3] 交通运输部公路科学研究院. 公路技术状况评定标准:JTG 5210—2018[S]. 北京:人民交通出版社,2018.

[4] The AASHO Road Test, Report 5, Pavement Research[R]. [S. l. :s. n.], 1962.

[5] ASTM. Standard Practice for Roads and Parking Lots Pavement Condition Index Surveys [S]. 2011. D6433(11): p. 49.

[6] 刘宛予,谢凯,浦昭邦. 公路路面自动检测系统发展综述[J]. 中外公路, 2007,27(2):30-33.

[7] NEJAD F M,ZAKERI H. A comparison of multi-resolution methods for detection and isolation of pavement distress [J]. Expert systems with applications,2011,38(3):2857-2872.

[8] 蒋彬,刘淑荣. 基于图象识别的公路路面破损自动检测研究进展[J]. 东北公路,2002(3):19-21.

[9] WANG K C P. Designs and implementations of automated systems for pavement surface distress survey[J]. Journal of infrastructure systems, 2000,6(1):24-32.

[10] GURALNICK S A, SUEN E S, SMITH C. Automating inspection of highway pavement surfaces[J]. Journal of transportation engineering, 1993,119(1):1-12.

[11] HOU Z Q, WANG K C P, GONG W G. Experimentation of 3D pavement imaging through stereovision[C]//International Conference on Transportation Engineering 2007. Chengdu:[s. n.],2007.

[12] 胡曦. 路面病害自动检测技术研究与系统实现[D]. 南京:南京理工大

学,2003.

[13] 赵吉广.基于视频图像的路面性能参数采集方法研究[D].南京:东南大学,2006.

[14] 樊瑶.基于图像处理的路面裂缝检测关键技术研究[D].西安:长安大学,2016.

[15] 李刚.基于灰色系统理论的路面图像裂缝检测算法研究[D].武汉:武汉理工大学,2010.

[16] 孙晓明.基于结构光的公路路面裂缝检测关键技术研究[D].哈尔滨:哈尔滨工业大学,2012.

[17] 张磊.路面自动检测装置中的结构光三维检测标定技术研究[D].哈尔滨:哈尔滨工业大学,2007.

[18] 黄建平.基于二维图像和深度信息的路面裂缝检测关键技术研究[D].哈尔滨:哈尔滨工业大学,2013.

[19] LAURENT J,TALBOT M,DOUCET M. Road surface inspection using laser scanners adapted for the high precision 3D measurements of large flat surfaces[C]//Proceedings of the International Conference on Recent Advances in 3-D Digital Imaging and Modeling. New York:ACM,1997.

[20] SCHARSTEIN D,SZELISKI R. A taxonomy and evaluation of dense two-frame stereo correspondence algorithms[J]. International journal of computer vision,2002,47(1):7-42.

[21] COHEN A,ZACH C,SINHA S N,et al. Discovering and exploiting 3D symmetries in structure from motion[C]//2012 IEEE Conference on Computer Vision and Pattern Recognition. [S. l. :s. n.],2012:1514-1521.

[22] OKUTOMI M,KANADE T. A multiple-baseline stereo[C]//Proceedings of 1991 IEEE Computer Society Conference on Computer Vision and Pattern Recognition. [S. l. :s. n.],2002:63-69.

[23] GALLUP D, FRAHM J M, MORDOHAI P, et al. Variable baseline/resolution stereo[C]//2008 IEEE Conference on Computer Vision and Pattern Recognition. [S. l. :s. n.],2008:1-8.

[24] IKEUCHI K, HORN B K P. Numerical shape from shading and occluding boundaries[J]. Artificial intelligence,1981,17(1/2/3):141-184.

[25] WÖHLER C. Triangulation-based approaches to three-dimensional scene reconstruction[M] London:Springer,2013:3-87.

[26] NAYAR S K,IKEUCHI K,KANADE T. Surface reflection:physical and

geometrical perspectives[J]. IEEE transactions on pattern analysis and machine intelligence,1991,13(7):611-634.

[27] OGGIER T, LEHMANN M, KAUFMANN R, et al. An all-solid-state optical range camera for 3D real-time imaging with sub-centimeter depth resolution (SwissRanger)[C]//Optical Systems Design. Proc SPIE 5249, Optical Design and Engineering. France,2004,5249:534-545.

[28] COENEN T B J,GOLROO A. A review on automated pavement distress detection methods[J]. Cogent engineering,2017,4(1):1374822.

[29] MATHAVAN S,KAMAL K,RAHMAN M. A review of three-dimensional imaging technologies for pavement distress detection and measurements[J]. IEEE transactions on intelligent transportation systems, 2015, 16 (5): 2353-2362.

[30] OTSU N. A threshold selection method from gray-level histograms[J]. IEEE transactions on systems,man,and cybernetics,1979,9(1):62-66.

[31] KIRSCHKE K R,VELINSKY S A. Histogram-based approach for automated pavement-crack sensing [J]. Journal of transportation engineering, 1992, 118(5):700-710.

[32] PUN T. A new method for grey-level picture thresholding using the entropy of the histogram[J]. Signal processing,1980,2(3):223-237.

[33] TSAI Y C,KAUL V,MERSEREAU R M. Critical assessment of pavement distress segmentation methods[J]. Journal of transportation engineering,2010, 136(1):11-19.

[34] LIAO P S,CHEN T S,CHUNG P C. A fast algorithm for multilevel thresholding [J]. Journal of information science and engineering,2001,17 (5):713-727.

[35] OLIVEIRA H,CORREIA P L. Automatic road crack segmentation using entropy and image dynamic thresholding [C]//17th European Signal Processing Conference. Glasgow:[s. n.],2015:622-626.

[36] 李晋惠.用图像处理的方法检测公路路面裂缝类病害[J].长安大学学报(自然科学版),2004,24(3):24-29.

[37] 夏德深,傅德胜.现代图像处理技术与应用[M].南京:东南大学出版社,1997.

[38] AYENU-PRAH A,ATTOH-OKINE N. Evaluating pavement cracks with bidimensional empirical mode decomposition[J]. EURASIP journal on

advances in signal processing,2008,2008:861701.

[39] CANNY J. A computational approach to edge detection[M]//Readings in Computer Vision. Amsterdam:Elsevier,1987:184-203.

[40] YAN M D,BO S B,XU K,et al. Pavement crack detection and analysis for high-grade highway[C]//2007 8th International Conference on Electronic Measurement and Instruments. Xi'an:[s. n.],2007.

[41] 李晋惠.公路路面裂缝类病害图像处理算法研究[J].计算机工程与应用,2003,39(35):212-213.

[42] 张娟,沙爱民,孙朝云,等.基于相位编组法的路面裂缝自动识别[J].中国公路学报,2008,21(2):39-42.

[43] SOILLE P,TALBOT H. Directional morphological filtering[J]. IEEE transactions on pattern analysis and machine intelligence,2001,23(11):1313-1329.

[44] SHAH S. Automatic cell image segmentation using a shape-classification model [C]//Proceedings of IAPR Conference on Machine Vision Applications,MVA 2007:[S. l. :s. n.]2007:428-432.

[45] 马常霞,赵春霞,狄峰,等.自然环境下路面裂缝的识别[J].工程图学学报,2011,32(4):20-26.

[46] 马常霞.基于图像分析的路面裂缝检测的关键技术研究[D].南京:南京理工大学,2012.

[47] 闫茂德,伯绍波,贺昱曜.一种基于形态学的路面裂缝图像检测与分析方法[J].工程图学学报,2008,29(2):142-147.

[48] 王华,朱宁,王祁.应用计盒维数方法的路面裂缝图像分割[J].哈尔滨工业大学学报,2007,39(1):142-144.

[49] ZHOU J,HUANG P S,CHIANG F P. Wavelet-based pavement distress detection and evaluation[J]. Optical engineering,2006,45(2):409-411.

[50] ZHOU J,HUANG P S,CHIANG F. Wavelet-aided pavement distress image processing [J]. Proc Spie,2003,5207(2):728-739.

[51] ZHOU J,HUANG P S. Wavelet-based pavement image compression and noise reduction [J]. Proceedings of SPIE-the international society for optical engineering,2005,5914:59141Z-59141Z-11.

[52] SONG K Y,PETROU M,KITTLER J. Texture crack detection[J]. Machine vision and applications,1995,8(1):63-75.

[53] SUBIRATS P,DUMOULIN J,LEGEAY V,et al. Automation of pavement

surface crack detection using the continuous wavelet transform[C]//2006 International Conference on Image Processing. Atlanta: [s. n.], 2007: 3037-3040.

[54] CANDES E J. Ridgelet: theory and applications [D]. Palo Alto: Standford University, 1998.

[55] CANDÈS E J, DONOHO D L. Ridgelets: a key to higher-dimensional intermittency? [J]. Philosophical transactions of the royal society of london series a: mathematical, physical and engineering sciences, 1999, 357(1760):2495-2509.

[56] DO M N, VETTERLI M. The finite ridgelet transform for image representation [J]. IEEE transactions on image processing: a publication of the ieee signal processing society, 2003, 12(1):16-28.

[57] 丁辉,付梦印. 基于 Finite Ridgelet 变换的图像线性特征提取[J]. 计算机科学,2007,34(3):230-233.

[58] OJALA T, PIETIKAINEN M, MAENPAA T. Multiresolution gray-scale and rotation invariant texture classification with local binary patterns[J]. IEEE transactions on pattern analysis and machine intelligence, 2002, 24(7):971-987.

[59] PETROU M, KITTLER J, SONG K Y. Automatic surface crack detection on textured materials[J]. Journal of materials processing technology, 1996, 56(1/2/3/4):158-167.

[60] MARTIN D R, FOWLKES C C, MALIK J. Learning to detect natural image boundaries using local brightness, color, and texture cues[J]. IEEE transactions on pattern analysis and machine intelligence, 2004, 26(5): 530-549.

[61] BRAY J, VERMA B, LI X, et al. A neural network based technique for automatic classification of road cracks[C]//The 2006 IEEE International Joint Conference on Neural Network Proceedings. Vancouver: [s. n.], 2006: 907-912.

[62] KASEKO M S, LO Z P, RITCHIE S G. Comparison of traditional and neural classifiers for pavement-crack detection [J]. Journal of transportation engineering, 1994, 120(4):552-569.

[63] ZHANG L, YANG F, DANIEL ZHANG Y, et al. Road crack detection using deep convolutional neural network[C]//2016 IEEE International

Conference on Image Processing (ICIP). Phoenix:[s. n.],2016.

[64] CHA Y J,CHOI W,BÜYÜKÖZTÜRK O. Deep learning-based crack damage detection using convolutional neural networks[J]. Computer-aided civil and infrastructure engineering,2017,32(5):361-378.

[65] XU G A,MA J L,LIU F F,et al. Automatic recognition of pavement surface crack based on BP neural network[C]//2008 International Conference on Computer and Electrical Engineering. Phuket:[s. n.],2009:19-22.

[66] ZHANG A,WANG K C P,LI B X,et al. Automated pixel-level pavement crack detection on 3D asphalt surfaces using a deep-learning network[J]. Computer-aided civil and infrastructure engineering, 2017, 32(10): 805-819.

[67] DELAGNES P, BARBA D. A Markov random field for rectilinear structure extraction in pavement distress image analysis[C]// International Conference on Image Processing. Washington, D. C.:[s. n.],1995:446-449.

[68] HUANG Y X. Automatic inspection of pavement cracking distress[J]. Journal of electronic imaging,2006,15(1):013017.

[69] CHENG H D,CHEN J R,GLAZIER C,et al. Novel approach to pavement cracking detection based on fuzzy set theory[J]. Journal of computing in civil engineering,1999,13(4):270-280.

[70] HASSANI A, GHASEMZADEH TEHRANI H. Crack detection and classification in asphalt pavement using image processing[M]//Pavement Cracking. Boca Raton:CRC Press,2008.

[71] 唐磊,赵春霞,王鸿南,等. 基于图像三维地形模型的路面裂缝自动检测[J]. 计算机工程,2008,34(5):20-21.

[72] 高建贞,任明武,唐振民,等. 路面裂缝的自动检测与识别[J]. 计算机工程,2003,29(2):149-150.

[73] 李清泉,刘向龙. 路面裂缝影像几何特征提取算法[J]. 中国科技论文在线,2007,2(7):517-522.

[74] 孙奥. 路面病害图像自动分类方法研究[D]. 南京:南京理工大学,2008.

[75] CHOU J,O'NEILL W A,CHENG H D. Pavement distress classification using neural networks[C]//Proceedings of IEEE International Conference on Systems,Man and Cybernetics. San Antonio:[s. n.],2002:397-401.

[76] 李刚，贺昱曜. 不均匀光照的路面裂缝检测和分类新方法[J]. 光子学报，2010，39(8)：1405-1408.
[77] LI Q Q，ZOU Q，LIU X L. Pavement crack classification via spatial distribution features[J]. Eurasip journal on advances in signal processing，2011，2011：1-12.
[78] 韩杰. 路面病害图像自动分类方法研究与分析[D]. 南京：南京理工大学，2007.
[79] 张采芳，田岩，李江. 基于几何特征分析的路面裂缝分类算法研究[J]. 红外与激光工程，2015，44(4)：1359-1364.
[80] 李国燕. 基于图像的路面破损识别[D]. 天津：河北工业大学，2009.
[81] 丁爱玲，焦李成. 基于支撑矢量机的路面破损识别[J]. 长安大学学报(自然科学版)，2007，27(2)：34-37.
[82] KOUTSOPOULOS H N，SANHOURI I E. Methods and algorithms for automated analysis of pavement images[J]. 1991(1)：103-111.
[83] RABABAAH H，VRAJITORU D，WOLFER J. Asphalt pavement crack classification：a comparison of GA，MLP，and SOM[J]. Genetic and evolutionary computation conference (GECCO'2005)，2005：35-43.
[84] 胡世昆. 基于数字图像处理技术的路面裂缝检测算法研究[D]. 南京：南京邮电大学，2012.
[85] XIAO W X，YAN X P，ZHANG X. Pavement distress image automatic classification based on DENSITY-based neural network[M]//Rough Sets and Knowledge Technology. Berlin，Heidelberg：Springer Berlin Heidelberg，2006：685-692.
[86] LEE B J，LEE H. Position-invariant neural network for digital pavement crack analysis[J]. Computer-aided civil and infrastructure engineering，2004，19(2)：105-118.
[87] 初秀民，严新平，陈先桥. 路面破损图像二值化方法研究[J]. 计算机工程与应用，2008，44(28)：161-165.
[88] LIDAR and Digital Elevation Data[EB/OL]. [2012-03-22]. Available from：http://www.ncfloodmaps.com/pubdocs/lidar_final_jan03.pdf.
[89] TANG Y C. Deep learning using linear support vector machines[EB/OL]. [2005-03-12]. https://www.mendeley.com/catalogue/6763fc68-00f3-3b5d-9e9e-299aa074ff3a/.
[90] AYYAGARI V R，et al. A New Method for Automatic 3D Face

Registration[C]//Computer Vision and Pattern Recognition-Workshops, 2005. CVPR Workshops. IEEE Computer Society Conference on. 2005.

[91] AYYAGARI V R, BOUGHORBEL F, KOSCHAN A, et al. A new method for automatic 3D face registration[C]//2005 IEEE Computer Society Conference on Computer Vision and Pattern Recognition (CVPR'05) - Workshops. San Diego: [s. n.], 2006: 119.

[92] 董秀军. 三维激光扫描技术及其工程应用研究[D]. 成都: 成都理工大学, 2007.

[93] 王晓峰. 三维激光扫描技术在土木工程领域的应用[D]. 上海: 同济大学, 2009.

[94] 杨桂栓, 陈涛, 张志峰. 基于激光三角法对透明平板厚度测量光线补偿的研究及应用[J]. 中国激光, 2015, 42(7): 219-226.

[95] 吴庆阳. 线结构光三维传感中关键技术研究[D]. 成都: 四川大学, 2006.

[96] ELLIN A, DOLSAK G. The design and application of rotary encoders[J]. Sensor review, 2008, 28(2): 150-158.

[97] 赵长海, 万秋华, 梁立辉, 等. 小型高精度航天级光电编码器[J]. 电子测量与仪器学报, 2015, 29(8): 1224-1230.

[98] YU H, WAN Q H, LU X R, et al. Calibration of dynamic precision for measurement platform of photoelectric encoder[J]. Optics and precision engineering, 2016, 24(11): 2699-2704.

[99] TANAKA N, UEMATSU K. A crack detection method in road surface images using morphology [J]. Iapr workshop on machine vision applications, 1998: 17-19.

[100] CHENG H D, MIYOJIM M. Automatic pavement distress detection system[J]. Information sciences: an international journal, 1998, 108(1/2/3/4): 219-240.

[101] JITPRASITHSIRI S, LEE H, SORCIC R G, et al. Development of digital image-processing algorithm to compute unified crack index for salt lake city[J]. Transportation research record: journal of the transportation research board, 1996, 1526(1): 142-148.

[102] CHAMBON S, GOURRAUD C, MOLIARD J M, et al. Road crack extraction with adapted filtering and Markov model-based segmentation-introduction and validation[C]//Proceedings of the International Conference on Computer Vision Theory and Applications. Angers: SciTePress, 2010: 81-90.

[103] 李晋惠,彭海波.公路病害检测中的图像平滑算法研究[J].现代电子技术,2003,26(22):55-56.

[104] 闫茂德,伯绍波,贺昱曜.一种基于形态学的路面裂缝图像检测与分析方法[J].工程图学学报,2008,29(2):142-147.

[105] 朱其刚.基于像素特征的路面裂缝图像自适应滤噪[J].山东师范大学学报(自然科学版),2005,20(3):37-39.

[106] 王兴建,秦国锋,赵慧丽.基于多级去噪模型的路面裂缝检测方法[J].计算机应用,2010,30(6):1606-1609,1612.

[107] 矫恒浩.自适应方向提升小波图像去噪及其实现[D].西安:西安电子科技大学,2009.

[108] 肖靖.道路裂缝识别算法研究[D].北京:北京邮电大学,2009.

[109] LI L,SUN L J,TAN S G,et al. An efficient way in image preprocessing for pavement crack images[C]//CICTP 2012. Beijing, China. Reston, VA:American Society of Civil Engineers,2012:23-28.

[110] 谢松云,张坤,张海军.基于灰预测的图象去噪新方法[J].微电子学与计算机,2006,23(12):151-153.

[111] JIANG C L,TSAI Y. Enhanced crack segmentation algorithm using 3D pavement data[J]. Journal of computing in civil engineering, 2016, 30:04015050.

[112] RAFAEL C G,RICHARD E W.数字图像处理[M].3版.阮秋崎,阮宇智,译.北京:电子工业出版社,2007.

[113] 韩书娜,幺宏伟,范剑英,等.指纹图像分割与增强算法[J].哈尔滨理工大学学报,2011,16(1):98-101.

[114] 苏铁明,韩兆翠,魏鸿磊.一种指纹图像综合增强方法[J].大连理工大学学报,2010,50(5):686-691.

[115] 陈蕴,陈松.基于动态范围调整的指纹图像增强方法[J].计算机工程与应用,2015,51(8):183-188.

[116] LECUN Y,BENGIO Y,HINTON G. Deep learning[J]. Nature,2015, 521(7553):436-444.

[117] KRIZHEVSKY A,SUTSKEVER I,HINTON G E. ImageNet classification with deep convolutional neural networks[J]. Communications of the ACM, 2012,60:84-90.

[118] FARABET C,COUPRIE C,NAJMAN L,et al. Learning hierarchical features for scene labeling[J]. IEEE transactions on pattern analysis and

machine intelligence,2013,35(8):1915-1929.
[119] TOMPSON J,JAIN A,LECUN Y,et al. Joint training of a convolutional network and a graphical model for human pose estimation[EB/OL]. [2014-07-11]. https://arxiv. org/abs/1406. 2984.
[120] SZEGEDY C,LIU W,JIA Y Q,et al. Going deeper with convolutions [C]//2015 IEEE Conference on Computer Vision and Pattern Recognition (CVPR). Boston:[s. n.],2015:1-9.
[121] MIKOLOV T,DEORAS A,POVEY D,et al. Strategies for training large scale neural network language models[C]//2011 IEEE Workshop on Automatic Speech Recognition & Understanding. Waikoloa: [s. n.], 2012:196-201.
[122] HINTON G,DENG L,YU D,et al. Deep neural networks for acoustic modeling in speech recognition:the shared views of four research groups [J]. IEEE signal processing magazine,2012,29(6):82-97.
[123] SAINATH T N, MOHAMED A R, KINGSBURY B, et al. Deep convolutional neural networks for LVCSR[C]//2013 IEEE International Conference on Acoustics,Speech and Signal Processing. Vancouver:[s. n.], 2013:8614-8618.
[124] COLLOBERT R, WESTON J, BOTTOU L, et al. Natural language processing (almost) from scratch[J]. Journal of machine learning research, 2011,12(1): 2493-2537.
[125] JEAN S,CHO K,MEMISEVIC R,et al. On using very large target vocabulary for neural machine translation[EB/OL]. [2017-08-11]. https://blog. csdn. net/appleml/article/details/77103108.
[126] SUTSKEVER I,VINYALS O,LE Q V. Sequence to sequence learning with neural networks[J]. 2014,4:3104-3112.
[127] MA J S,SHERIDAN R P,LIAW A,et al. Deep neural nets as a method for quantitative structure-activity relationships[J]. Journal of chemical information and modeling,2015,55(2):263-274.
[128] CIODARO T,DEVA D,DE SEIXAS J M,et al. Online particle detection with Neural Networks based on topological calorimetry information[J]. Journal of physics:conference series,2012,368:012030.
[129] ADAM-BOURDARIOS C,COWAN G,GERMAIN C,et al. The Higgs boson machine learning challenge [C]//Proceedings of the 2014

International Conference on High-Energy Physics and Machine Learning. New York:ACM,2014:19-55.

[130] HELMSTAEDTER M, BRIGGMAN K L, TURAGA S C, et al. Connectomic reconstruction of the inner plexiform layer in the mouse retina[J]. Nature,2013,500(7461):168-174.

[131] LEUNG M K K,XIONG H Y,LEE L J,et al. Deep learning of the tissue-regulated splicing code [J]. Bioinformatics, 2014, 30 (12): i121-i129.

[132] XIONG H Y,ALIPANAHI B,LEE L J,et al. RNA splicing. The human splicing code reveals new insights into the genetic determinants of disease[J]. Science,2015,347(6218):1254806.

[133] HUBEL D H,WIESEL T N. Receptive fields,binocular interaction and functional architecture in the cat's visual cortex[J]. The journal of physiology,1962,160(1):106-154.

[134] FUKUSHIMA K. Neocognitron:a self-organizing neural network model for a mechanism of pattern recognition unaffected by shift in position [J]. Biological cybernetics,1980,36(4):193-202.

[135] FUKUSHIMA K. Neocognitron:a hierarchical neural network capable of visual pattern recognition[J]. Neural networks,1988,1(2):119-130.

[136] LECUN Y, BOTTOU L, BENGIO Y, et al. Gradient-based learning applied to document recognition[J]. Proceedings of the IEEE, 1998, 86(11):2278-2324.

[137] HINTON G E,SALAKHUTDINOV R R. Reducing the dimensionality of data with neural networks[J]. Science,2006,313(5786):504-507.

[138] WERBOS P J. Beyond regression:new tools for prediction and analysis in the behavioral sciences[D]. Cambridge:Harvard University,1975.

[139] RUMELHART D E, HINTON G E, WILLIAMS R J. Learning representations by back-propagating errors [J]. Nature, 1986, 323 (6088):533-536.

[140] LECUN Y,BOSER, B,DENKER, J,et al. Backpropagation applied to handwritten zip code recognition[J]. Neural computation,1989,1.(4): 541-551.

[141] KWAK C,CLAYTON-MATTHEWS A. Multinomial logistic regression [J]. Nursing research,2002,51(6):404-410.

[142] BRIDLE J S. Probabilistic interpretation of feedforward classification network outputs, with relationships to statistical pattern recognition [M]//Neurocomputing. Berlin, Heidelberg: Springer Berlin Heidelberg, 1990:227-236.

[143] HUANG F J, LECUN Y. Large-scale learning with SVM and convolutional for generic object categorization [C]//2006 IEEE Computer Society Conference on Computer Vision and Pattern Recognition (CVPR'06). New York: [s. n.], 2006:284-291.

[144] AHMED A, YU K, XU W, et al. Training hierarchical feed-forward visual recognition models using transfer learning from pseudo-tasks [M]//Lecture Notes in Computer Science. Berlin, Heidelberg: Springer Berlin Heidelberg, 2008:69-82.

[145] RANZATO M, HUANG F J, BOUREAU Y L, et al. Unsupervised learning of invariant feature hierarchies with applications to object recognition[C]//2007 IEEE Conference on Computer Vision and Pattern Recognition. Minneapolis, MN, USA. IEEE, 2007:1-8.

[146] EKANADHAM C. Sparse deep belief net models for visual area V2 [J]. Advances in neural information processing systems, 2008, 20:873-880.

[147] MCAG. Pavement management report for Merced county[R]. [S. l. : s. n.], 2009.

[148] Federal Highway Administration. Distress Identification Manual for the Long-Term Pavement Performance Program [S]. 2003.

[149] THORNTON C, HUTTER F, HOOS H H, et al. Auto-WEKA: combined selection and hyperparameter optimization of classification algorithms[EB/OL]. https://arxiv. org/abs/1208. 3719.

[150] PETRAK J. Fast subsampling performance estimates for classification algorithm selection[M]. [s. l. : s. n.], 2000.

[151] ABDEL-HAMID O, MOHAMED A R, JIANG H, et al. Applying Convolutional Neural Networks concepts to hybrid NN-HMM model for speech recognition[C]//2012 IEEE International Conference on Acoustics, Speech and Signal Processing (ICASSP). Kyoto: [s. n.], 2012:4277-4280.

[152] SAINATH T N, KINGSBURY B, MOHAMED A R, et al. Improvements to filterbank and delta learning within a deep neural network framework[C]// 2014 IEEE International Conference on Acoustics, Speech and Signal

Processing (ICASSP). Florence:[s. n.],2014:6839-6843.

[153] BERGSTRA J, BENGIO Y. Random search for hyper-parameter optimization [J]. Journal of machine learning research,2012,13(1): 281-305.

[154] BROCHU E, CORA V M, DE FREITAS N. A tutorial on Bayesian optimization of expensive cost functions, with application to active user modeling and hierarchical reinforcement learning[J]. CoRR, 2010, abs/1012.2599:235-240.

[155] MOCKUS J. On Bayesian methods for seeking the extremum[C]// Proceedings of the IFIP Technical Conference. New York: ACM, 1974: 400-404.

[156] JONES D R, SCHONLAU M, WELCH W J. Efficient global optimization of expensive black-box functions[J]. Journal of global optimization,1998,13(4):455-492.

[157] DENG L. The MNIST database of handwritten digit images for machine learning research[best of the web[J]. IEEE signal processing magazine, 2012,29(6):141-142.

[158] MARTINEZ A M. The AR face database[R]. [S. l. :s. n.],1998.

[159] LI S Z, LU J. Face recognition using the nearest feature line method[J]. IEEE transactions on neural networks,1999,10(2):439-443.

[160] GEORGHIADES A S, BELHUMEUR P N, KRIEGMAN D J. From few to many: illumination cone models for face recognition under variable lighting and pose[J]. IEEE transactions on pattern analysis and machine intelligence,2001,23(6):643-660.

[161] STALLKAMP J, SCHLIPSING M, SALMEN J, et al. The german traffic sign recognition benchmark: a multi-class classification competition[C]//The 2011 International Joint Conference on Neural Networks. San Jose:[s. n.],2011:1453-1460.

[162] LECUN Y, et al. Efficient backprop [J]. Neural networks tricks of the trade,1998,1524(1):9-50.

[163] 何为. 优化试验设计方法及数据分析[M]. 北京:化学工业出版社,2012.

[164] FREEMAN W T, ADELSON E H. The design and use of steerable filters[J]. IEEE transactions on pattern analysis and machine intelligence, 1991, 13(9): 891-906.

[165] JACOB M, UNSER M. Design of steerable filters for feature detection using canny-like criteria[J]. IEEE transactions on pattern analysis and machine intelligence, 2004, 26(8): 1007-1019.

[166] 黄克智，薛明德，陆明万. 张量分析[M]. 北京：清华大学出版社，2003.

[167] 秦菁. 张量投票算法及其应用[D]. 上海：华东师范大学，2008.

[168] GUY G, MEDIONI G. Inference of surfaces, 3D curves, and junctions from sparse, noisy, 3D data[J]. IEEE transactions on pattern analysis and machine intelligence, 1997, 19(17): 1265-1277.

[169] STROKINA N, KURAKINA T, EEROLA T, et al. Detection of curvilinear structures by tensor voting applied to fiber characterization [M]//Image Analysis. Berlin, Heidelberg: Springer Berlin Heidelberg, 2013: 22-33.

[170] RISSER L, PLOURABOUE F, DESCOMBES X. Gap filling of 3-D microvascular networks by tensor voting [J]. IEEE transactions on medical imaging, 2008, 27(5): 674-687.

[171] MORENO R, PIZARRO L, BURGETH B, et al. Adaptation of tensor voting to image structure estimation [M]//Mathematics and visualization. Berlin, Heidelberg: Springer Berlin Heidelberg, 2012: 29-50.

[172] MEDIONI G, TANG C K, LEE M S. Tensor voting: theory and applications[J]. Proceedings of rfia, 2000, 4(8): 1482-1495.

[173] FAWCETT T. An introduction to ROC analysis[J]. Pattern recognition letters, 2006, 27(8): 861-874.

[174] ZHANG A, WANG K C P, JI R, et al. Efficient system of cracking-detection algorithms with 1-mm 3D-surface models and performance measures [J]. Journal of computing in civil engineering, 2016, 30(6): 04016020.